Historias Extraordinarias

wilber Montoya

Published by wilber Montoya, 2023.

While every precaution has been taken in the preparation of this book, the publisher assumes no responsibility for errors or omissions, or for damages resulting from the use of the information contained herein.

HISTORIAS EXTRAORDINARIAS

First edition. February 7, 2023.

ISBN: 979-8215277737

Written by wilber Montoya.

Dedication

Este libro se lo dedico a mis primos Yirber y Yordano; por aquellos momentos grandiosos que viví con ellos; durante nuestras vacaciones; cuando era niño y hasta llegar a nuestra adolescencia. En las Cuales corríamos, reíamos, y disfrutábamos. Yendo a las quebradas, recorriendo los lugares más hermosos del pueblo, donde vivía mi abuela materna; ya fallecida, que Dios la tenga en la gloria. En el estado falcón (Venezuela).

Le dedico este libro también a mi tío Yoni, por su incansable dedicación para con mis primos y conmigo; llevándonos a conocer los sitios turísticos más lindos del estado falcón ¡Algún día te lo recompensare tío!

TABLA DE CONTENIDOS

DEDICATORIA

*Este libro se lo dedico a mis primos Yirber y Yordano; por aquellos momentos grandiosos que viví con ellos; durante nuestras vacaciones; cuando era niño y hasta llegar a nuestra adolescencia. En las Cuales corríamos, reíamos, y disfrutábamos. Yendo a las quebradas, recorriendo los lugares más hermosos del pueblo, donde vivía mi abuela materna; ya fallecida, que Dios la tenga en la gloria. En el **Estado Falcón** (Venezuela).*

La imagen que muestro es tan solo un ejemplo del paisaje donde compartía con mis primos y del cual he realizado uno de los capítulos; específicamente la casa del Babalawo, cambiando los nombres de los protagonistas.

*Le dedico este libro también a mi tío **Yoni,** por su incansable dedicación para con mis primos y conmigo; llevándonos a conocer los sitios turísticos más lindos del Estado falcón ¡Algún día te lo recompensare tío!*

De derecha a izquierda : Yordano, Yirber y mi persona.

PREFACIO

Este libro está basado en hechos de la vida real, cada capítulo corresponde a una historia diferente. Son relatos de hechos paranormales, contados por sus protagonistas; quienes quisieron dar a conocer a todas las personas que fuera posible, del globo terráqueo, sus anécdotas, viendo en mí la posibilidad de expandir dicha información, en todos los rincones del mundo, donde sean necesarios; o donde las circunstancias lo ameriten. Permitiendo así, a los lectores, prever situaciones desagradables en sus vidas, evitando hacer lo que por ignorancia, curiosidad, vanidad, ambición, o quizás envidia, estas personas hicieron, sufrieron o simplemente presenciaron.

*Otras de las razones por las cuales, me pareció necesario la creación de este libro, es para que aquellos que no aceptan la existencia de lo paranormal; puedan reconsiderar, tal apreciación; haciendo un análisis que les permita discernir entre una simple fantasía y un hecho sobrenatural, sin embargo, cabe destacar que todas estas historias, que presento, fueron hechos reales. Me siento muy feliz con los talentos que Dios me ha dado, ya que con ellos me considero una persona útil, que busca cumplir la misión de expandir en la medida de lo posible, esta información, investigada, seleccionada, simplificada y mejorada, en la medida de lo posible. Para que el lector tenga un mejor análisis, de cada historia. Yo, al igual que los protagonistas de cada relato, presencie hechos similares ¡y no lo podía creer! No me sentía con el coraje, para recopilar cada suceso sobrenatural, por lo fuerte y escalofriantes que resultaron ser, tal vez unos más que otros. Mucho menos en tener la intensión de inicio en transcribir este tipo de historias, pero la pasión por la escritura y lo interesante que termino resultando cada relato, me sedujeron, a tal punto que hasta llegue a sentirme, con la motivación suficiente **de** hacerlo. Mi esposa y un amigo que conozco de muchos años, me preguntaron ¿no sientes miedo de transcribir esas historias tan fuertes y tenebrosas? Yo les respondí que muchas veces la vida nos pone a prueba **para** ver qué tan fuerte* *podemos llegar a ser, al momento de enfrentar ciertos obstáculos y de nosotros dependerá, fracasar, o salir victoriosos. Aunque jamás será igual transcribir un hecho paranormal, que incitar a que suceda. Y cuando me refiero a esta última apreciación, pondré como ejemplo, la siguiente historia:*

Hace un tiempo estuve leyendo un libro llamado LAS CIUDADES MAGICAS, escrito por Michael Angerber, me llamo la atención en el índice un título que tenía por nombre: Tesoros y maldiciones del valle de los reyes y sobre este tema se anexaba, un subtítulo llamado, la sepultura de Tutankamón. Cuando comencé a leerlo, me sorprendió mucho más al saber que Lord Carnarvon, quien había financiado las excavaciones y participado en los trabajos; llevados a cabo en una zona de Egipto llamada Valles de los Reyes; un lugar desértico, había muerto en extrañas

CUADRO PAPIRO

Circunstancias, tiempo después de descubrir las sepulturas, donde eran enterrados faraones y grandes personajes de aquel entonces.

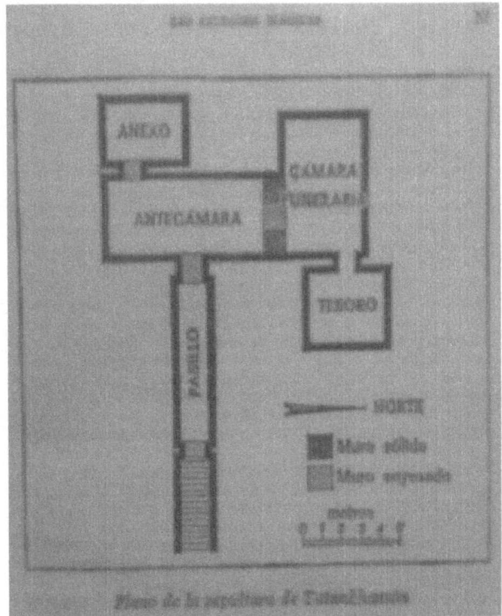

Plano de la sepultura Tutankhamón

Valle de los reyes

EL *Arqueólogo Howard Carter, tras 10 años de búsqueda de la sepultura de Tutankamón, cuando ya estaba a punto de rendirse; logra descubrirla en otoño de 1922, dicha sepultura. Eran varios ataúdes dentro de una misma sepultura, ocultadas a unos 9 metros, debajo del subsuelo.*

De las cuales había grandes tesoros de oro. Internamente la cámara funeraria era muy grande, estaba conformado por antecámara un anexo, un cuarto donde estaba el tesoro y el pasillo que conducía a la salida. Por esa razón el 28 de octubre de 1925, se abrió el tercer ataúd, ya para el año de 1927 se hizo la exposición Tutankamón; donde acudieron millones de personas a su inauguración. Seis meses después de su inauguración, Lord Carcavón el financista de las excavaciones, muere según por una picada de mosquito y en el mismo instante de su muerte, todas las luces del Cairo se apagaron durante 5 minutos. En el momento del drama; Susi la perra del imprudente investigador, moría en Inglaterra.

Información personal	
Nacimiento	9 de mayo de 1874 Kensington, Kensington y Chelsea, Londres, Inglaterra, Reino Unido
Fallecimiento	2 de marzo de 1939 (64 años) Londres, Inglaterra, Reino Unido
Causa de la muerte	Linfoma
Sepultura	Putney Vale Cemetery
Nacionalidad	Británica
Familia	
Padres	Martha Joyce Sands Samuel John Carter

Howard Carter. Un hombre de amplios conocimientos, que en vida se desempeñaba como: Antropólogo, arqueólogo y egiptólogo.

También se había dicho, que Lord Carnarvon; antes de morir, había visto el fantasma del difunto faraón esa información la dijo el hijo de Lord en una entrevista que le hicieron por medio de un canal de televisión francés; en el año 1927. Posteriormente una docena de personas que habían tomado parte de las excavaciones o se habían acercado a la momia de Tutankamón, con motivo de su descubrimiento tuvieron un final trágico y sospechoso.

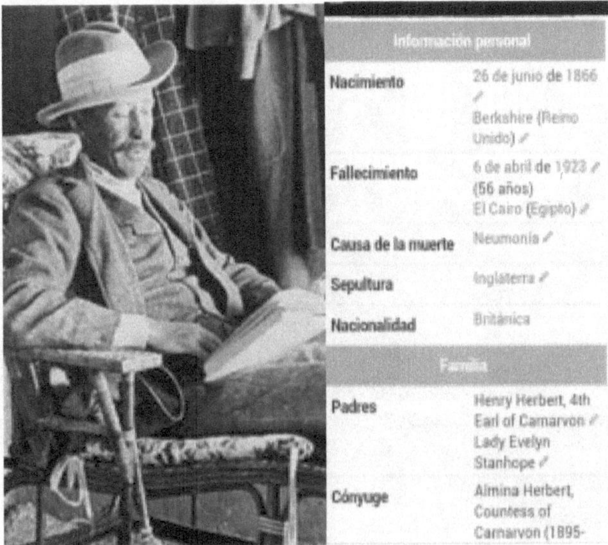

Lord Carnarvón. *Ocupación: Antropólogo, político, arqueólogo, fotógrafo y egiptólogo.*

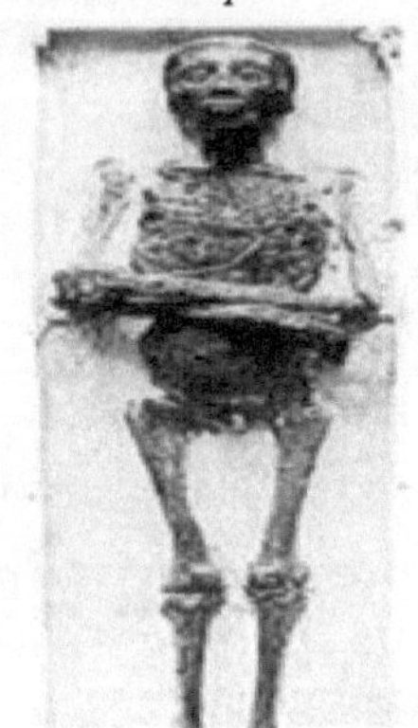

Imagen, en la cual se muestra la momia de Tutankamon

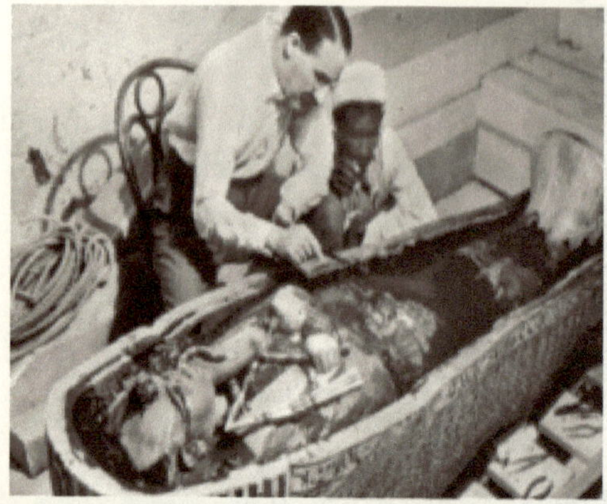

En la imagen que se muestra a Howard Carter, examinando la momia Tutankamón, mientras que la imagen que está al otro extremo, es el féretro, donde permanecen, los restos del Famoso faraón, en la actualidad, que es visitada por miles de personas.

Otros de los féretros exhibidos en la Tumba TutanKamón ubicada en el valle de los reyes.

Rostro de cómo pudo haber sido el faraón, según estudios científicos realizados a la momia de TutanKamón.

Acotación. Todos los libros, que pueda publicar, en su determinado momento, tendrán contenido absolutamente real, puede que en algunos casos, uno sea de contenido irreal, sin embargo, yo asumiré la responsabilidad, de aclarar que la información es ficción, si fuera el caso.

CAPÍTULO I: CON LOS SANTOS NO SE JUEGAN

Me llamo Pol. Esta historia le sucedió a mi amigo Pedro y a su familia, por culpa de la Soberbia y la viveza de su padre .Todo comenzó un día que fue a mi casa; porque yo le prestaba la computadora de mesa, con la finalidad de que el pasará música de un pendrive, a su teléfono, siempre lo hacía. Un día, mientras guardaba canciones, nos pusimos hablar de una joven como de 17 años de edad que a él le gustaba mucho, Pero la Mosa estaba en los caminos de Dios (era cristiana) y me dijo— ¡Yo por ella soy capaz de entregarme a cristo! — Le dije — Pedro no lo hagas, si no te vas a entregar de corazón — ¡El Cristianismo no es un juego! Por más que le decía, no me hacía caso.

Una semana después ya estaba en los caminos de Cristo. Se iba a la iglesia de sábado a domingo y de lunes a viernes, en la tarde estaba en el gimnasio. A la semana siguiente comenzó a estudiar en la Universidad; todo iba perfectamente bien... O por lo menos eso creía yo. En ese mismo tiempo, supe que su hermana mayor Ana, también estaba en los caminos de Dios; de igual forma, iba de sábados a domingo a la iglesia y de lunes a viernes al gimnasio, se había inscrito para estudiar en la Universidad. El papá trabajaba con un camión de su propiedad, cargando arena, la mamá estaba pendiente de los quehaceres del hogar. Era una familia modelo ¡Todo parecía ser perfecto! Las mujeres, de mi amigo Pedro lo buscaban; lo pretendían y yo le decía ¡Qué bien; mi amigo! ¡Bríndales amor a todas esas mujeres! El me respondía — bueno tu sabes... Si piden amor hay que darles pasión, se reía mientras lo decía.

Yo pensaba... sin decir una palabra ¡¡Este es un verdugo con las mujeres!!

Cuatro (4) semanas antes, a el señor Jacinto, el padre de mi amigo Pedro, se le presento en su casa un primo; reclamándole 3 cauchos de una camioneta Bronco que era de un pastor de la iglesia al cual pertenecía el familiar .El primo se los había prestado al señor Jacinto, para que se pudiera trasladar a su casa; puesto que se accidento muy cerca de donde el primo tenía el taller de mecánica. Lo que pude escuchar ese día, fue que el señor Jacinto no le quería dar los cauchos, porque según él ya se los había entregado. El señor Jacinto le decía — ¡Vete! ¡Yo; ya te entregue los cauchos! Él no se fue, sin antes decir ¡Te voy a denunciar! ¡Ya lo verás!

*El señor Jacinto era muy cínico; se creía el hombre más bravo del mundo, no le importaba nada. Paso eso... Volviendo a la familia perfecta. Recordando; lo que había sucedido (4) semanas atrás, yo le pregunté a mi amigo Pedro, ¿cuál fue el motivo de aquella discusión con su padre y su primo él me respondió: — lo que pasó fue que mi papá le pidió prestado unos cauchos a mi **primo segundo por consanguinidad**; el día siguiente cuando lo fue a buscar mi papá le entrego unos cauchos viejos y bastante desgastados al tonto de mi primo y este no se dio cuenta; sino hasta el día siguiente; cuando se lo iba a entregar al dueño de la camioneta. Mi papá dijo, que no le daría nada, y así fue; nunca se lo dio.*

Me asombre y me sentí muy decepcionado con mi amigo Pedro, le pregunte otra vez, a ver si entraba en razón — Pedro ¡Tú te estas escuchando! ¿Estás seguro de lo que dices?

El me respondió sin lamento y sin ningún tipo de vergüenza— yo te digo Pol, que... ¡Él se lo busco! Por estúpido. Y quieres que te diga otra cosa;

¡La iglesia a la que asisto, en compañía de mi hermana Ana; es la misma a la cual mi primo se congrega y para completar él es nuestro líder juvenil.

— ¡Qué casualidad! que él pertenece a la misma iglesia!

— Si Pol, la vida está llena de casualidades.

Tenía muchas emociones "negativas" encontradas; ese día, sentía rabia, tristeza y decepción, ya no sabía que pensar de mi amigo, por el hecho de ver como algo natural tomar lo que es de otro.

Ese día no permaneció mucho tiempo en mi casa. Duro apenas 40 minutos y luego se marchó; ya que él, usualmente permanecía hasta una hora y treinta minutos aproximadamente.

Cuando se actúa con premeditación y alevosía

Una semana después de haber hablado con mi amigo Pedro; por casualidad de la vida, me topé con un miembro de la familia; que había sufrido la pérdida de los cauchos, era la madre del afectado, quien me dio su versión que se acercaba más a la realidad de los hechos:

— ¿Hola Penélope como estas?

— Bien y tu Pol.

— Yo estoy bien Penélope.

*— Pol te digo verdad... yo estoy bien de salud, las preocupaciones son las que no me dejan tranquila, **pero** todo eso se lo dejo a cargo a Dios.*

— ¿De qué te preocupas?

— ¿No supiste lo que le paso a mi hijo mayor?

— Algo escuche; ¿Que se le perdió unos cauchos?

— ¡No, se les perdió no, se los robo su primo! ¡Tu vecino!

— Y ¿cómo paso eso?

— lo que paso fue que el primo se accidento muy cerca de donde Eduardo tiene el taller de mecánica y fue a pedirle 3 cauchos a mi hijo, este se los presto; después de una semana que el primo tenia los neumáticos,

Eduardo los fue a buscar; y el muy sin vergüenza, les dio unos cauchos malos, que no eran los que le había prestado Eduardo. Cuando les fue a reclamar, el con su soberbia lo reto a pelear, diciéndole a su vez que no le iba a dar nada. Eduardo se fue a la policía y le llego con una citación al primo, este se desmayó del susto y ¡Eso que se la da de arrecho (bravo)!

Acompañe a mi hijo a la policía, donde se discutiría el caso, que aquejaba a mi hijo. Llegó la contra parte al lugar y empezó el pleito.

La abogada defensora alego que mi hijo se tardó en pedir los cauchos y si el señor Jacinto no se lo quería dar, no estaba obligado en hacerlo, puesto que debió ver detalladamente lo que se le estaba entregando .En ese instante, el policía intervino diciendo: bueno... si ellos se niegan a entregar los cauchos no le quedara de otra, que Llevar este caso a la fiscalía, con las pruebas que tienen en su poder y ellos decidirán.

Le pregunte enseguida— ¡Y que paso! ¿Fuiste a la fiscalía?

— No fuimos Pol. A pesar de tener los mensajes de texto, donde Jacinto se negaba a entregar los cauchos, acompañado de amenazas ofreciendo que le daría unos golpes a mi hijo, si este insistía con sus reclamos, sumado también, el tener los testigos presenciales, que estuvieron en el momento de la entrega de la "cosa" no pudimos hacer nada.

— Pero ¿porque? No entiendo, eso era para que lo remitieran a la fiscalía.

— Si es verdad; tienes razón, aunque hay un detalle que tú no sabes. Y es que el día que yo le dije a mi hijo para ir a la fiscalía, él me dijo: mamá hoy fui a la iglesia y cuando llegue, observe a los nuevos integrantes, que conforman conmigo el escuadrón juvenil en cristo, me di cuenta que estaban inscritos mis dos primos, Pedro y Ana, ahora... ¡Dime tú Mamá! Si yo lo denuncio ante la fiscalía ¿Cómo quedaría ante Dios?

— Es verdad hijo... tienes razón, le dije sin objetar alguna palabra de lo que decía. Ahora ¿Me entiendes Pol?

No supe que decir, lo único que hice fue aceptar sus reclamos con un comentario de incomodidad en contra de mi amigo y su familia. Le dije — que cosas tiene la vida o la gente despiadada.

Me despedí de ella, cada vez más preocupado por lo que le podía pasar a Pedro y compañía.

La justicia terrenal y la justicia divina

El señor Jacinto logró quedarse con los cauchos y salir libre de responsabilidad jurídica. A pesar que existían todos los medios probatorios para acusarlo en la fiscalía, Eduardo no lo iba a hacer, por la jugada sucia que habían puesto en marcha; de pretender; que tanto Pedro como Ana (sus 2 hijos) se entregaran al cristianismo, en la misma iglesia donde estaba el primo. La familia de mi amigo Pedro ¡Se veía triunfante ante la justicia terrenal! Hicieron una fiesta en la casa de mi amigo; luego de 3 meses de problemas judiciales entre amenazas del señor Jacinto y la insistencia de nunca devolver los cauchos; que estaban en el taller de mecánica, que los había sacado de la camioneta de un pastor de la iglesia cristiana. Y este por ser solidario se lo había prestado sin previo consentimiento del dueño, a su primo Jacinto.

Al terminar todo el problema judicial, mi amigo se retira de la iglesia y posteriormente lo hizo su hermana. Le pregunte a mí amigo y esto fue lo que me dijo:

—Me voy a retirar porque ¡No sirvo para estar en esa vaina!

Sabía lo que ellos habían tramado, porque la señora Penélope me lo había dicho todo; sin embargo le seguía la corriente; con la finalidad de hacerlo reflexionar, diciéndole:

— ¡Porque lo hiciste amigo! Ni te imaginas la cantidad de cosas negativas que te podrían suceder ¡Retráctate!

— ¡No Pol; no hay vuelta atrás! ¡Ya está hecho! No solamente yo me salí; sino también mi hermana.

— ¡Por Dios! ¿En serio?

— si amigo, ya está hecho, es más, voy a salirme también de la universidad y mi papá me va a financiar los estudios en la marina y de ahí; ¡Voy es para arriba!

—*Está bien Pedro ¡Si tú lo dices! Ojala nunca te arrepientas de lo que vas hacer...*

Dejamos de hablar y se despidió de mí .Desde ese día no lo volví a ver; hasta que sucedió el **boom** *que nadie podía creer.*

Mi amigo se declara Homosexual

No sabía nada de Pedro desde hacía ya 5 meses. Lo único que había escuchado de él, era que se había ido a la Capital porque estaba haciendo las pruebas para quedar en la Marina; no sé cómo será en otros países; **pero** *en Venezuela esa carrera es un poco selectiva y no todos pueden ingresar; así que esa fue la forma que empleo Pedro, para quitarle dinero al papá, con el fin <<supuestamente de financiar su carrera militar>>.*

Jacinto trabajaba muy duro, para mandarle todo el dinero que requería Pedro ¡Era bastante dinero que le enviaba! Aparte de eso tenía que mantener la casa; donde vivía con la hija y la esposa. Fueron casi cinco meses; que **Jacinto** *duro enviando plata a Pedro; ¡hasta que se destapo la olla! Pedro público en sus redes sociales una foto amorosa, abrazando a un transexual, acompañado de un escrito que refería "Por fin soy feliz al lado del ser que amo".*

Esa noticia dejo consternado al papá; a tal punto que no lo quería <<ver ni en pintura>> <<una palabra muy común en Venezuela; queriéndose referir que ni en fotos quería ver al hijo>>. El odio del señor Jacinto fue tanto que le decía a su esposa "si lo llego a ver por acá les juro que lo voy a matar con mis propias manos".

El medio del sustento familiar se queda sin ruedas

Comenzaba a complicarse más aún todo. Se dañó 3 veces el motor del camión; al tanque de la gasolina le salieron (pequeños huecos que ocasionaban fuga del combustible)

Por ultimo tuvo que montar el vehículo en 4 torres, para vender los cauchos ¡Porque no tenían que comer!

Ese camión, tuvieron que venderlo por partes, muy por debajo de lo que costaba.

La hija se mete a Rockera y abandona todas sus obligaciones

Ana dejó la universidad, Paso de ser una chica sumisa a convertirse en una rebelde sin causa. Comenzó a vestirse con ropa de Rockera y se enamoró de un joven, con el que quedó embarazada. Tuvo un niño varón después del parto el hombre la dejo ¡Por otro hombre! se descubre que su **concubino** *era (bisexual).*

Por Último El Señor Jacinto Estuvo Preso Por Un Mes

Se metió en un problema; en el que nada tuvo que ver, por trabajar para otro; trasportando mercancía ilegal, desde una ciudad a otra. Obligado a dormir en un piso, de donde permanecía recluido que estaba previamente orinado.

Esa familia ya no volvió a ser la misma de antes; de ser una familia funcional pasaron a convertirse en una familia disfuncional.

Esta es una ¡historia real! Que pareciera de ficción pero no lo es. La reflexión, que pretendo dar en esta historia es, que no jueguen con Dios por conveniencia. Si se quieren entregar al Cristianismo, háganlo de corazón... ¡Porque él no es un juego!

Dios aprieta pero no ahorca

En la actualidad a mi amigo, su padre le dio una segunda oportunidad; permitiendo que volviera a la casa de sus padres, en un estado de desnutrición que todas las personas de la comunidad se dieron cuenta. La madre del señor Jacinto le suplico a su hijo **"que por favor le brindara una segunda oportunidad a su hijo, ya que en la vida todos nos equivocamos".** *Esas fueron sus palabras, luego de esto la situación cambio un poco en la familia, aunque las críticas por parte de los vecinos* *no se hicieron esperar, sin embargo pareciera que el tiempo lo olvida todo. Pedro y su hermana Ana se encuentran trabajando actualmente, viviendo como una familia normal dentro de lo **que cabe**.*

CAPITULO II: EL ANUNCIO DE LA MUERTE DE MI TÍA

Me llamo Samanta la historia que contare sucedió cuando yo tenía 16 años; en el año 1995, acababa de nacer el sobrino de una de mis hermanas. Un novio que tenía en mi adolescencia, me había ido a visitar. Estaba sentada en el corredor con él; de repente aquel muchacho me dice que iba a ir al baño, le dije que estaba bien; al rato me doy cuenta que una persona entra al cuarto de mi hermana, por un momento pensé que era mi novio, el que había cometido la imprudencia de entrar. Voy detrás de él diciéndole: —Mira que paso; ¿Porque entras así al cuarto de mi hermana? ¿Qué paso? Lo llamaba y llamaba; sin embargo no me hacía caso; cuando entre a la habitación no había nadie. Al rato mi novio, sale del baño y yo le pregunto: — ¿Porque pasaste al cuarto de mi hermana sin permiso?

—No mi amor; yo acabo de salir del baño.

—Yo te vi, estoy segura de eso.

—No amor te equivocas.

En ese instante se acerca mi hermana diciendo.

—Es verdad lo que dice tu novio Samanta, en Ningún momento él entro a mi cuarto.

Mi mamá interrumpe en la conversación diciendo:

— Es cierto Samanta...tengo que decirles algo y no quiero que se pongan nerviosas.

— ¿Qué sucede mamá? — Le pregunte

—Lo que sucede es que tu abuela me quiere decir algo, de seguro que tiene que ser a mí solamente. ¡Lo estoy sintiendo!

—Mi novio se pone nervioso y dice —No me asusten ¡No me digan que en esta casa espantan! ¡Yo como que me voy de aquí!

—Ya va, no te vayas todavía — Le dije .Eran las 9 de la noche, de repente se apagaron las luces de toda la casa ¡Lo más tenebroso de

todo era que fue únicamente en la casa de mi madre! Mi mamá dijo —Espérenme aquí; voy para atrás, creo que acabo de ver a mi mamá. Yo estaba temblando de miedo; mi novio me abrazo, diciéndome ¡Tranquila mi amor! ¡Yo estoy aquí a tu lado!

Mi hermana mayor, Vanesa le dice a mi madre— ¡ Te acompaño!

Mi madre le dijo —no; tranquila, esto es algo que yo debo hacer sola.

Mi mamá se dirigió para la parte de atrás de la casa, duró como unos 5 minutos, luego volvió, cuando lo hizo, las luces volvieron a encenderse. Mi mamá nos contó:

—Era mi madre; su abuela con un mensaje para mí, diciendo "vengo para que sepas, que me voy a llevar a Francesca, porque está sufriendo mucho y no creo que aguante .No vayas más de viaje para atenderla, porque de nada servirá". Se desapareció, y yo me vine.

Esta historia aunque es muy corta; me dejo traumatizada, como por 5 semanas hasta que mi madre y mi hermana, me convencieron, diciéndome que ella no volvería a aparecer, porque solo lo había hecho para dar esa lamentable noticia. Al día siguiente nos fuimos todos de viaje, para brindarle apoyo moral a mi primo. Viajamos en la mañana y llegamos en la tarde. En la madrugada; entre las 12am, y las 2am; no recuerdo con exactitud la hora, mientras que dormíamos, mi primo nos despierta, diciendo que nuestra tía había muerto.

Ese suceso me hizo comprender, que hay cosas inexplicables en esta vida; que no le encontramos lógica alguna. Y debe ser por esa razón, que no me gusta quedarme sola en casa, cuando es de noche. Aunque mucha gente dice que a los muertos no se les teme; porque siempre serán muertos, que a los que hay que temerles es a los vivos que son los que matan, violan y desaparecen a las personas. Sin embargo hay humanos que pueden morir de un **susto.**

CAPITULO III: EL TÍO, LA JOVEN CON UN DON Y EL DIFUNTO

El suceso paranormal que he vivido, estoy seguro, ¡Que los escépticos no me lo van a creer! Está bien que no lo hagan, ya; que si yo no hubiese presenciado lo que viví; ¡No lo fuera creído! desde mi manera de ver las cosas. Pensaba, que el que moría; no hablaba ni aquí en el espacio terrenal, ni en el más allá. Me equivoque en pensar así.

Soy Lisardo. La historia que Leerás, te dejará consternado. Sucedió hace 4 años; en el 2016, cuando estaba trabajando de camionero de carga ligera en una empresa privada, llevando materiales de ferretería al territorio nacional de Venezuela .Recibí la llamada de una de mis hermanas, francisca; que vivía en otro Estado. Diciendo, que mi sobrino estaba desaparecido; desde hacía ya 40 días. Ella me comento, que a la tercera semana le había restado importancia de no llamar o mostrar preocupación; porque lo llegó hacer en reiteradas ocasiones, quedándose en casa de una de sus tantas novias que tenía; puesto que era muy mujeriego .Pero al pasar muchos días y sin responder a las llamadas, ya era preocupante la situación. Mi hermana Luisa me pidió el favor; porque yo era uno de los afortunados que salía con él, a unas fiestas espectaculares, por ser su "tío preferido"; la conciencia de los recuerdos, me pedía a gritos que buscara la forma de contribuir con mi hermana, para encontrar a mi sobrino.

Solicite mis vacaciones adelantadas en la empresa con el fin, de destinarlas en la búsqueda de la belleza de mi sobrino, como yo era un trabajador de antigüedad, logré obtener un mes de vacaciones. Me dirigí al Estado en el cual residía mi hermana. Al día siguiente comenzamos con la búsqueda. Visitamos las casas de sus amigos; súper amigos, las novias, las ex novias y estas últimas a su vez, nos daban las direcciones de las amantes. Tras una semana de búsqueda y nada que lo encontrábamos. Llamaba cada tres horas a su teléfono celular y contestaba la operadora diciendo: "el suscriptor que usted ha llamado no puede ser localizado" ¡Ya no sabíamos que hacer! Mi hermana me dijo que fuéramos a la policía; para cerciorarnos, si estaba preso; aunque yo le dije; que eso era imposible, porque primero; si él estaba preso; iba a tener por lo menos, el derecho a realizar una llamada y segundo; mi sobrino no era ningún delincuente; lo único que si debíamos hacer era notificarles sobre su desaparición; para que estos se abocarán en su búsqueda. Luego de seis días ininterrumpidos, de intentar dar con el paradero de mi sobrino; nos dirigimos a la comisaría, con el fin de denunciar su desaparición, en aquel lugar nos atendió una mujer, ella se encargada de tomar los nota del denunciante, la funcionaria, tomo todo los datos y nos dijo; "cualquier información que tengamos, se la haremos llegar"

Ya había transcurrido una semana, y nada que sabíamos de mi sobrino Matías. Me tuve que ir a la morgue, solo ¡¡Y nada; francisca no se sentía con valor para ir conmigo!!

Ya me quería dar por vencido. Habían transcurrido dos semanas de búsqueda; mi hermana me decía ¡No te rindas por favor! ¡Así sea por debajo de las piedras, pero él tiene que aparecer!

Me sentía comprometido con mi hermana. Debía hallar la forma de encontrar a Matías .Hasta que un día, encontré a un amigo, en aquella ciudad donde vivía francisca, nos saludamos y me pregunto:

— ¿Qué te pasa Lizardo? Te noto preocupado

—Nada amigo; yo estoy bien; es mi hermana, que no encuentra a mi sobrino Matías ¿Te acuerdas de él?

— ¡Claro que sí; como no recordarlo! Si el año pasado nos invitó a salir, él se ve que lo de mujeriego... no se le va a quitar. Pero dime que paso con Matías ¿Te debe dinero? ¿Se metió en líos?

No amigo mío, dinero no me debe; aunque la segunda pregunta si se acerca a la realidad. Ya que lleva varios días desaparecido; Hace más de un mes, que no sabemos dónde está.

—No te preocupes mi amigo, que yo sé cómo conseguirlo.

— ¿Cómo?

— *conozco una mujer que te puede ayudarte a encontrarlo.*

— *¿Es detective privado o policía?*

—*No, nada de eso.*

—*Entonces, ¿qué es?*

Tiene el don de adivinar donde están las cosas y también, de cómo incorporarse, para que bajen los espíritus y estos te digan lo que tú le quieras preguntar; utilizando el cuerpo de esa mujer.

—*Tú sabes que yo no creo mucho en eso amigo, **pero** como no queda de otra, vamos hacerlo.*

Nos fuimos al día siguiente, recuerdo que era domingo, ya que la mujer estudiaba y mi amigo trabajaba; siendo el único día que los dos tenían libre. Me fui sólo con él, no me lleve a mi hermana, porque no sabía la reacción que tomaría, de saber, que sería lamentable. Llegamos al lugar y mi amigo me presento a la mujer, era muy Hermosa, creí por un momento, que me toparía con una señora fea con cara de bruja; como las que salen en las películas de terror. Pero no fue así .Mi amigo nos presentó y de una vez, el acelero el trabajo diciendo "vamos a lo que vinimos" la mujer comenzó a preguntarme todo lo relacionado a mi sobrino. Terminado el ciclo de preguntas, culmino diciendo —voy hacer contacto con el más allá y solicitando la presencia del espíritu de tu sobrino, sino se presenta, invocaré a otras ánimas; para que me digan donde se encuentra.

Aquella mujer comenzó a llamar al espíritu de Matías, después de un rato, se quedó callada sin emitir algún comentario, su mirada se transformó; pudiéndose notar un cambio de personalidad; de repente hablo, en un tono de voz agudo, diciendo:

—*Que paso tío ¿Cómo está todo?*

— *¿Quién eres? — le pregunte.*

—*soy yo tío, Matías ¿no me recuerdas?*

— *¿Cómo saber que eres tú?*

—*Ya se lo que haré; te lo voy a demostrar.*

Se cayó por unos segundos, para luego decirme

— *¡ Que paso chumba! ¿Cómo está todo?*

Me quede inmutado, no lo podía creer; él solía llamarme así, en privado, cuando nos jugábamos con palabras pesadas. Enseguida le pregunte

—Sobrino... ¿Qué me le paso?

¿Porque se nos tuvo que ir?

—Bueno tío... cometí el error de meterme con la persona equivocada.

—Qué; ¿le quitaste el dinero a alguien? ¿Tuviste una pelea?

—Tío usted sabe muy bien que yo ni soy ladrón; ni mucho menos soy de estar peleando.

—Entonces sobrino ¿Qué fue lo que sucedió?

—Lo que paso fue, que me metí con la mujer de un policía y este, al saber sobre el idilio que tenía con ella; una noche cuando iba camino a casa de tía Emilia para quedarme, porque era demasiado tarde si quería marcharme a mi casa, donde vivía con mi madre; paso un carro particular en el que iban dos hombres; me embarcaron al auto, a punta de pistola y cuando llegamos a una zona boscosa; nos acercamos a un árbol y detrás del árbol había un hueco, uno de ellos se acercó y me dijo ¿Tú sabes quién soy yo? Le respondí: — no, ¿quién eres? El me respondió— ¡Soy el esposo de la mujer que te coges (Tener sexo)! Tomo un arma la apunto en mi cabeza y me dijo ¡Esto es para que no te metas con la mujer de un policía! Luego me disparo, desde ese momento no se mas nada.

— ¿Sobrino y usted sabe exactamente el lugar? —Claro que sí tío, ¿usted sabe una zona boscosa que queda a 6 cuadras de donde vive, mi tía Emilia?

— Si Matías.

—Bueno tío, al llegar a ese lugar, se va a meter, hacia donde están los árboles, en ese punto va a seguir hasta el final, encontrara un árbol, que se diferencia de los demás, porque es más grande que los otros. Detrás de ese árbol esta mi cadáver.

*—Sobrino, de aquí voy a salir triste, **pero** con la tranquilidad, de que por fin, ya sabemos que sucedió... Nos vemos en la otra vida.*

—*Gracias tío por tener la disposición de buscarme. Dile a mi mamá que la amo, que me perdone por todo los dolores de cabeza que le cause.*

—*Vete en paz sobrino.*

Después de eso, la mujer volvió a su estado natural, preguntando qué había pasado. Le contamos todo lo sucedido y al rato nos fuimos de aquel lugar; agradeciéndole por sus servicios.

Toda aquella información me dejo trastornado por varios meses. Matías me dio todos los datos necesarios para dar con los actores materiales de su asesinato; también me dijo, quién era la esposa del policía. Cuando fuimos al sitio EN EL CUL FUE sepultado f había sido, como él lo había descrito, lo recuerdo, y me da ¡Mucho escalofrío! Que un difunto haya sido, quien esclareciera, por medio de una mujer con dones especiales; su asesinato. Informando sobre el actor intelectual, así como los actores materiales del hecho, la diferencia de este asesinato, al de muchos otros, es que el actor intelectual, también participo en el hecho.

Mi hermana al saber la noticia, quedo muy mal, que tuvo que mudarse del Estado donde vivía. Mi sobrino fue muy querido, por muchos de sus amigos, conocidos, novias, ex novias y amantes, tanto así, que fueron al velorio y era tanta la gente, que no había espacio donde colocarlos. No voy a contar sobre como quedo la situación con los asesinos; porque muchos que puedan leer esta historia, saben lo delicado del asunto, y más aún, si es desde aquí desde mi país Venezuela, donde el hampa extorsiona desde las cárceles, algunos policías se prestan para actos delictivos y lamentablemente, el Estado no acciona como debería de hacerlo, siendo un cómplice de tales hechos. Lo que si daré, es una reflexión, a petición del creador de este libro; partiendo del desenlace fatal de mi sobrino; es para los hombres mujeriegos: que aunque la mujer sea muy hermosa; pero si es casada y de paso con un policía ¡Ni se les ocurra comerse la luz!(Equivocarse), Porque lo podrían lamentar. Y aun, no siendo el marido una persona al servicio de la ley, seguiría siendo peligroso. Un amigo me decía "Caras vemos corazones no sabemos" o como dice la canción de Rubén Blades, "se ven las caras pero nunca el corazón".

*A veces la vida te muestra cosas en las cuales no pensabas que podrían suceder, cosas que aun cuando las viéramos, no la creeríamos; buscando una explicación científica que nos permita **hallar** la lógica a casos que son inexplicables, pero que se muestran al mundo como algo normal. Hay quienes piensan, que no es más que una imaginación liberada, por nuestros pensamientos más oscuros, haciendo creer situaciones que solo están en nuestras mentes. Engañando la razón. Desde mi experiencia, estoy seguro, que en nuestro mundo, existen cosas que jamás creeríamos que existían, no obstante están ahí, a la espera... de ser descubiertas.*

CAPITULO IV: 2 HISTORIAS (LA CASA DEL BABALAWO Y LA CASA EMBRUJADA)

La imagen que muestro a continuación es tan solo un ejemplo de lo que es la religión de los Babalawo.

Mi nombre es Arón, la historia que les voy a contar sucedió hace 22 años. Yo apenas era un adolescente; tenía 14 años. Durante unas vacaciones en casa de mi abuela. Ella vivía en otro Estado, a 4 horas de distancia, en camioneta de pasajeros. De donde **estaba residenciado,** para ese entonces, en casa de mi mamá. Yo iba todos los años a pasar mis vacaciones, en compañía de mis dos primos; mi madre y mi tía Magali; quien es la madre, de mis dos primos. Pepe, que tenía 15 años, y Franklin 12 años. El lugar donde estaba mi abuela, era un pueblo. Había personas que tenían mucho dinero, usaban las casas principalmente para pasar sus vacaciones. Nos divertíamos mucho, recorriendo las quebradas que quedan detrás de la casa de mi abuela. Ella tenía un terreno como de unos 200metros de largo ×50 metros de ancho.

Ese año estaban sucediendo ciertos cambios en pleno desarrollo. Tenía varios primos, hijos de mis tíos maternos; que residían en aquel pueblo, pero hay dos en específico que mencionare, son hermanos; Charles de 18 *y Mayke de 19años, ellos, con el pasar de los años, formaron parte de esta religión, de aquel extraño hombre, que había venido, de una ciudad muy lejana y que comenzaba a vivir en el pueblo. Estos primos ignorantes, seducidos por los lujos, las fiestas y hermosas mujeres, quisieron formar parte de esta **secta**, "por decirlo de cierta forma". Eso fue lo que nos dijo mi difunta abuela, que en paz descanse. Mis primos con los que había llegado, se dispusieron conmigo a limpiar los patios, a cambio de unas monedas. Esa información llego a oídos de una tía, que inmediatamente nos hizo una propuesta, que no pudimos rechazar. Nos llamaron para limpiar el terreno; del mismo extraño hombre, que practicaba la hechicería. El patio, era igual de grande que el de mi abuela. Mis primos y yo, no quisimos rechazar la oferta, y decidimos trabajar, una vez que termináramos de limpiar los otros terrenos, que por suerte no fueron tan grandes, como el del hechicero. Mi tía decía que aquel hombre nos daría mucho dinero; porque según ella, el sujeto ganaba bastante, en lo que hacía. Fuimos a su casa, en compañía de esa tía, que se llamada Josefina. Cuando llegamos; aquello se veía **espectacular,** la casa era hermosa, desde mi percepción, fue la más bella de todas las que se encontraban en el pueblo, me gustaba mucho. El hombre tenía una familia **mu**y linda, una esposa, dos niños de buena presencia. Entramos hasta el porche, nunca nos hizo pasar a la parte interna del inmueble, solamente a los alrededores de la casa. Mi tía Josefina nos presentó, diciendo —buenos días jefe, estos son los sobrinos de los que le hable.*

*—Que tal como están muchachos; yo me llamo **fausto**.*

Mis primos y yo; nos presentamos ante aquel hombre; un tipo blanco, alto, de buen aspecto, parecía ser calvo; de contextura rellena no pasando por gordo, lo saludamos diciéndole —mucho gusto me llamo Pepe

—Yo soy Franklin

—Yo me llamo Arón

El hombre nos explicó el trabajo que debíamos hacer, detalladamente; nos dijo varias cosas:

—*Necesito que barran todo el patio, rieguen las matas, y corten el monte.*

*Comenzamos a realizar el trabajo; duramos como una semana y media aproximadamente; donde observamos; cosas extrañas y hasta nos reímos. La limpiada del monte fue ardua, más que barrer el patio y regar las matas. Pepe y yo nos encargamos de cortar el monte y barrer la basura, mientras que franklin se encargaba de llevar el monte, por medio de una carretilla; a la quebrada que quedaba detrás de la casa de mi abuela. Cada uno desempeñaba un trabajo fuerte. Ese día cuando llego la hora del almuerzo; el señor **fausto** nos llamó; para que comiéramos en una mesa que estaba al aire libre; pero bajo una choza (CABAÑA), como el terreno era grande; el señor **Fausto** gritaba— ¡Muchachos vengan a comer! ¡La comida está servida!*

*Nos acercamos y cuando vimos; notamos tanta comida sobre la mesa, que nunca en mi vida había presenciado tanto alimento, ¡Solo para tres personas! Teníamos sobre la mesa: carne de chivo, arroz, plátanos sancochados, ensaladas y una jarra grande de jugo. El señor **Fausto** antes de marcharse, nos dijo: — ¡BUEN PROVECHO!*

—Gracias. —respondimos.

Seguidamente, luego que se marchara el señor Fausto, Pepe emitió un comentario de preocupación diciendo —Vamos a comernos esta carne de chivo, sabiendo que fue sacrificada para hacer actos de brujería, ojala que no nos vaya hacer daño.

En eso responde Franklin; mas por el hambre que por la razón —tranquilo hermano... ¡Eso lo mato la candela!

—Bueno... vamos a pensar que es así.

Nos olvidamos de todo lo que tuvo que sufrir aquel pobre chivo, para estar sobre nuestra mesa, y nos dispusimos a comer.

20 minutos más tarde; Franklin, el más grosero de nosotros tres; no acostumbraba a dejar comida sobre la mesa; nos dijo —me siento lleno; pero no quiero dejar estas dos grandes presas que me quedaron sobre mi plato ¿Qué hago?

—*fácil; toma esas dos presas y métetelas en el bolsillo. —le dice riendo Pepe.*

Franklin termino haciéndole caso, lo que de inicio había sido tan solo una broma; cogió las dos grandes presas y se las metió en los bolsillos. Yo no paraba de reír, al ver la locura que franklin hacía, para no dejarle al perro de la casa nada, o tan solo los huesos. En ese instante, Pepe, al ver que Franklin había guardado las dos presas que no pudo comerse; le dice —guarda estas dos también, ¡Pero no se te ocurra meterlas en tus testículos!

—¡Tranquilo hermano, que acá me queda un bolsillo grande, guardare los tuyos acá!

Yo seguía y seguía riendo, no paraba de reír.

Al rato se levantó, se llevó la carretilla y en los bolsillos, de una camisa estilo braga, llevaba las presas que no pudieron comer.

La estatua del mal

Llevábamos 4 días trabajando en la casa de aquel hombre, habíamos limpiado una gran parte del terreno, más o menos, como una tercera parte, estábamos limpiando de adelante para atrás; recogíamos los alrededores de la casa, Pepe me llama desde el otro lado donde estaba limpiando y me dice — ¡Que arrecho (que increíble)! ¡Aron ven para que veas esto!

Me acerque y le pregunte — ¿Qué sucede? ¿Qué me quieres mostrar?

— ¡Vi a los ojos, a esa estatua y me produjo mareos!

— ¡Mentira! ¡No te creo!

—! ponte de frente a ella y veras que no te miento!

Hice lo que me dijo, me coloque frente de aquella imagen; donde la figura estaba ensangrentada; tenía cachos, y dientes que sobresalían como si fuesen colmillos; cuando lo hice, evidentemente quede mareado y dije— ¡Verga (expresión de asombro)! ¡Es verdad! ¡Que vaina es esta! ¡Donde carajo mi tía Josefina nos fue a meter! ¡Esto parece la casa de los locos Adams!

Con mi corta edad y mi poca experiencia, nunca llegue a pensar que una religión podía ser tan tenebrosa. No seguimos observando más esa cosa horrible y nos dispusimos a seguir con nuestras labores correspondientes.

Franklin se toma una siesta en la carretilla

Avanzaba el día 6, habíamos progresado, en la limpieza, unos cuantos metros hacia atrás, mi primo Pepe y yo, estábamos desesperados por limpiar lo más rápido posible el terreno. De repente, me doy cuenta, que Franklin estaba, acostado en la carretilla, que había colocado debajo de un árbol de ciruela para dormir un rato, yo me percato de la situación y le digo a Pepe — ¿Pepe no crees tú que es mejor poner a franklin a limpiar el patio y yo boto la basura, para que de esta forma descanse?

Él cómo era el responsable, por ser el mayor, era líder y me dijo— no Aron, yo no puedo hacer eso, porque Franklin no me va a rendir de la misma forma que tú.

Le respondí — te digo esto, porque está allá; adelante durmiendo en la carretilla, debe ser porque está muy cansado el pobre.

—¿Cómo es la cosa? ¡Vamos a ver!

Nos fuimos donde estaba Franklin durmiendo y al verlo acostado le dijo; —¿estas cómodo? Él le respondió con una sonrisa medio burlona —sí, estoy muy cómodo. —A mí me causo mucha risa.

Pepe se molestó mucho más de lo que estaba y le dijo —¡Te levantas ya de ahí! ¡Flojo! ¡Ya decía yo! ¡Con razón que te tardas todo un mundo para llegar aquí, luego de botar la basura en la quebrada! ¡Seguro que te quedabas en casa de mi abuela a dormir! ¡Te paras de ahí ya! ¡Te dije!

Franklin se puso molesto también y le dijo —estás haciendo que me moleste, te deje esta carretilla tirada aquí; y me largue ¡Para que tú mismo botes tu basura!

Pepe le respondió— ¡hazlo pues! Y veras que vas a perder más, por abandonar el trabajo ¡No te pagare y los días que has trabajado los vas a perder!

Franklin se marchó, llevándose la carretilla de inmediato, y dijo —
¡Me voy arrecho (MOLESTO)!

— ¡Váyase arrecho; si quiere! ¡No rebuzne tanto y trabaje! — Le
respondió Pepe.

Ese día en la tarde, cuando bajaron las tensiones que ambos tenían,
olvidaron todo, y pasaron la página.

Cuando el hambre y la ignorancia... van de la mano

En un pueblo, que a pesar, de que habían personas adineradas, hubo
casos de residentes; aquellos individuos que vivieron desde niños, con un
nivel de ignorancia extremo; que dejaba ver su miseria, tanto económica
como espiritual.

Llevábamos una semana aproximadamente, trabajando en la casa de
aquel hombre y luego de tantos comentarios, en esos días, supimos que era
*un **babalawo**; así recuerdo que lo llamaban, los residentes del pueblo, que*
iban en ocasiones a llevarle palomas negras y blancas, para realizar los
trabajos de espiritismo, recuerdo que un tío que vivía en el pueblo, estaba
pasando por una crisis económica y no le quedó de otra, más que trabajar
en la casa del espiritista; de albañilería, logrando observar, cuando hacían
los rituales, donde aquel extraño hombre se comía el corazón de las
palomas sacrificadas y la sangre era roseada en la estatua que representaba
el rostro del mal, cuando eran trabajos espiritas de mayor envergadura,
sacrificaba chivos, cuenta mi tío. Tanto hombres como mujeres iban
*ocasionalmente; a llevar palomas para venderlas al **babalawo**, que tenía*
un gallinero, donde las criaba para luego ser sacrificadas. Mis primos y
yo seducidos por el pago, que aquel hombre ofrecía, nos íbamos al monte
a buscar palomas, me da hasta risa, el solo hecho de recordar como 3
adolescentes ignorantes; mal influenciados por los residentes de la zona, de
hacer lo mismo; buscar palomas en las quebradas entre cardones y matas
de cují; sin estar claros, que estas, por lo general se encontraban en las
plazas, al centro de la ciudad.

La imagen que se muestra es un ejemplo de cómo es el pueblo del Estado falcón donde sucedió la historia de este capítulo.

Verdades que asustan

Quedaban 2 días; para dar por concluida la limpieza del terreno. Eran como las 3 de la tarde y el señor Fausto sale de la casa, para charlar un rato con nosotros y nos dice: — ¡Así es muchachos! tienen que trabajar mucho; para procurar lo que deseen en la vida. Yo acabando de llegar a este pueblo; 3 delincuentes me despojaron de una cadena de oro, un reloj, mi teléfono y un dinero que guardaba en mi vehículo, por los lados de una ciudad llamada LA VELA DE CORO.

*Pepe pregunto —pero señor **fausto** ¿usted los denuncio a las autoridades?*

—Denunciar yo; ¡No hijo! ¡Esos policías no hacen nada! Le pedí justicia; al ser en el que creo y en dos semanas ya han liquidado a dos de los que me robaron.

¡Hay que ver! ¡Que es bien malo! ¡Ese ser que usted adora! —Respondió Franklin.

— *¡Malo no es! ¡Malos fueron los que me iban hacer daño! ¡Para quitarme mis pertenencias! Quieren que les diga una cosa... ¡Yo en esta casa, tengo huesos humanos colocados en determinados lugares, para que me protejan de mis enemigos!*

Esa información me dejo como perro asustado en fin de año; por el sonar de los fuegos artificiales, me sentía como si estuviera conviviendo con mi peor enemigo. Al rato el señor fausto entró a la casa y no salió hasta despedirse de nosotros a las 5 de la tarde, que ya nos íbamos. Después de un rato nos pusimos hablar mis primos y yo de lo que había dicho el señor Jacinto, yo comienzo diciendo:

*—Qué cosas vale... mi tía pareciera que no nos **quisiera**.*

— ¿Porque dices eso? –Pregunta franklin.

—Es que no te das cuenta; ese tipo al que le estamos trabajando; ya por medio del su religión, ha liquidado a 2, le falta uno, y se ve que está ansioso por desaparecerlo, de paso, nos dice que tiene huesos humanos en algunos puntos de la casa. Realmente no sé, si es el demonio... o, sea lo que sea, que el adora, el que lo tiene así de loco, o simplemente lo dice para meternos miedo y para que hagamos nuestro trabajo bien.

Pepe lo que hizo fue reírse, de lo que yo estaba diciendo, pero realmente lo decía muy enserio.

Franklin lanzo una de sus comentarios fuera de lugar diciendo — Tranquilo primo, que los que convierten en sapo a las personas son las brujas pero él es hombre.

Pepe, en vez de hablar sobre el tema de forma consciente; lo que hacía era reírse de las barbaridades que decía Franklin. Decidí dejar de hablar del tema.

*Llego el ultimo día; estábamos felices, pues ya faltaba poco para culminar la limpieza del terreno; de la parte trasera; había un Trabajo que faltaba, que el **babalawo**; le dijo a mi primo Pepe, para realizar, una vez que culmináramos con la limpieza del terreno; de la parte de atrás; el señor Fausto nos dijo, que fuéramos en la mañana del día siguiente, para pagarnos. Fuimos en la mañana; como él nos había dicho; cuando* *llegamos a la casa recuerdo que él estaba regando las matas del jardín, con una manguera; para aquel entonces; porque en la actualidad tiene un sistema de riego automático, se podía visualizar todo desde la calle; porque el frente de la casa era de malla o (cerca) de alfajor. Entramos al terreno, donde nos dimos los buenos día, él nos dijo —Esperen aquí muchachos ya les traigo el dinero.*

Esperamos unos minutos, hasta que el sujeto salió con nuestro pago correspondiente, por la semana y los 2 o tres días aproximadamente; que trabajamos en la limpieza del patio de atrás de la casa. Nos entregó a cada cual lo que según su conciencia, él pensaba que nos correspondía; yo enseguida cambie la expresión, de mi cara; al ver lo miserable que fue al pagarnos tan poco dinero; pero no manifesté ninguna emoción de tristeza o rabia; simplemente fingí alegría; le agradecí por el trabajo y seguidamente me marche del lugar. Mis primos se quedaron hablando con aquel hombre, por un rato; luego se marcharon a la casa de mi abuela, donde yo tenía rato de haber llegado. Cuando se presentaron en la casa; Pepe me dijo,

—¿ Qué paso primo? ¿Porque te marchaste?

Yo recuerdo que le respondí; mostrando mí rabia — Pepe lo que paso fue... ¡Que me dio tanta arrechera (rabia)! Como ese hombre nos pagó tan poco; por cortar todo ese monte; ¡Que era bastante!

El me respondió —Entonces ¿no vas a trabajar con Franklin y conmigo podando las plantas del jardín y la grama?

—No, no lo hare.

— Si es tu decisión... te la respeto.

No seguimos hablando más del tema y nos fuimos a conversar con mi abuela, mi tía Magali y mi madre.

Al día siguiente; en la mañana cuando me desperté, a las 9:30am, ya mis primos no estaban. Se habían marchado a trabajar, en la casa del señor Fausto. Me fui asear, para luego desayunar; una vez que termine de comerme una arepa de maíz, con suero de cabra; uno de los platos de comida que se acostumbraba comer en aquellos pueblos del Estado Falcón. Mi mama, mi abuela y mi tía Magali me preguntaron ¿Porque razón yo no me fui con Pepe y Franklin a trabajar? Yo les dije el motivo por el cual no seguiría yendo, para aquella casa. Se sorprendieron, cuando les conté mis razones y me pidieron el favor, que fuera aunque sea por última vez, a la casa del señor **Fausto,** *para que le dijera un recado a mi tía* **Josefina**; *de pasar por la casa de mi abuela; apenas terminara su labor en su trabajo, ella comenzó a trabajar en ese lugar, lavando y planchando; gracias, a las buenas recomendaciones que le había dado; el esposo desempeñándose como albañil; que si bien, es un hombre que desempeñaba su oficio a la perfección, tenía sus defectos como toda persona; era miserable, al mil por ciento; y para lo bonita que era mi tía Josefina; a él no se le podía ocultar su fealdad; era más feo que ver un carro por debajo. No tenía muchas ganas de ir a esa casa; pero no tuve otra opción que hacerlo. Me fui inmediatamente. Cuando llegue, recuerdo que salude a todos, diciendo —Buenos días. —Quienes estaban ahí, me respondieron diciendo —buenos días*

Enseguida pregunte a mis primos, que estaban podando el jardín— Muchachos me podrían llamar a mi tía, que me mandaron a darle un recado.

—Tranquilo primo, ya la llamamos.

En ese momento contesto el señor Fausto; con una voz muy pasiva pero analítica— ¿Qué paso Aron? ¿Por qué no está trabajando con sus primos? Es que hay algo que siente hacia mí, un malestar o una inconformidad... que se yo.

Yo no levantaba la mirada y le dije— no, nada, señor fausto; todo está bajo control...

El enseguida respondió algo que yo nunca olvide — le voy a decir una cosa muchacho; Si algo me ha enseñado la vida es que: "cuando una persona no te mira a los ojos en el momento que te habla; es porque esa persona no es honesta contigo".

No le respondí nada, espere a mi tía, para decirle el asunto, por el cual me mandaron y me despedí de todos.

Después que mis primos culminaron el trabajo; Pepe y un tío de nosotros, dieron un paseo en una camioneta último modelo de las más caras del mercado; que pertenecía al señor **Fausto;** **¡Claro; la conducía el dueño!** *Aquel tío comento, que cuando paseaban por el pueblo el señor Fausto, acerco la camioneta, en la orilla de una represa quedando el vehículo casi de puntas; Pepe con cara de asombro, e impresionado por tal hazaña dijo; — ¡VAYA! ¡INCREIBLE! ¡ERES MI IDOLO!*

Cuando mi tío dijo que mi primo había dicho eso; me asuste; pues llegue a pensar que se dejaría llevar por lo material, para adorar a esa religión del mal; no obstante por suerte fue un pequeño comentario nada más.

Terminadas las vacaciones; nos fuimos a nuestras respectivas casas; en otro Estado; a 4 horas de distancia.

5 años después

Todo había cambiado; desde la llegada de aquel hombre, el pueblo parecía estar sumido en la mísera, en la pobreza extrema. No se entendía porque razón sucedía todo aquello; aunque yo estaba claro de lo que sucedía; mientras unas personas se ahorcaban por motivos extraños; otras personas del pueblo vivían en la miseria. El señor **Fausto;** *no solo llevaba a cabo rituales religiosos en su casa; sino en los 4 puntos extremos del pueblo; que conformaba una manzana (zona). Mucha gente se quejaba pero nadie le reclamaba; por temor a sufrir alguna maldición por parte de* **aquel** *sujeto. Comenzaron a llegar actores de un programa de televisión, que para aquel entonces había tenido mucha fama en mi país; Venezuela; y por respetar la identidad de las personas me reservare los nombres; ya la casa del señor fausto; no era una cerca común; sino que tenía un portón gigantesco; que impedía poder visualizar de la calle hacia dentro del terreno, llegaban a realizar trabajos espiritistas a personas de mucho dinero; en su mayoría de la capital, con hermosos automóviles; varios; último modelo. Es una ironía la comparación;* **pero** *la casa del Babalawo era como ver el progreso de la ciudad de TEXAS; que pertenecía a*

México... y el pueblo, era como ver al otro lado de TEXAS, entre miseria y pobreza.

En la actualidad

*Solo puedo anunciar, que ha habido como 10 suicidios, desde que aquel hombre llego al pueblo; entre esas personas que tomaron la determinación de acabar con su vida; uno era uno de mis primos, hijo de un tío materno, residente del pueblo, que nada tenía que ver con los que ya he nombrado. Me sentí triste por la muerte de ese ser querido; ya que fue una persona muy noble de sentimientos. En lo que respecta a Mayke y Charles; luego de que **Mayke** estuviera por un tiempo; tomo la decisión de salirse definitivamente; seguro fue, porque no le gustaba la idea de comerse el corazón de la paloma, ni de hacer todas aquellas cosas asquerosas que lograban hacer; mientras llevaban a cabo rituales, supe que comenzó a dedicarse al contrabando; porque según él era una forma más "limpia y pura de ganar dinero". Charles, si se dedicó de lleno al espiritismo; se independizo, y vive de eso. Mis primos Pepe y franklin, trabajan en supermercados distintos, uno de ellos, es gerente y el otro es supervisor. El señor fausto; continuo viviendo, hasta hace poco en el pueblo; pude saber, por medio de los residentes, según que se divorció de su esposa; luego que esta lo encontrara con otro hombre; en su propia cama, lo estaban penetrando, o como se dice de la forma más decente, le estaban haciendo el amor... por el ano, en el cuarto, donde dormía con su esposa, y esta, al ver esta situación tan vergonzosa; se buscó otra pareja con la que vive en la misma casa ¡Que locura!! Difícil de creer. Mientras esto sucedía, yo; trabaje por un tiempo el arte de la Abogacía, no amando tal profesión; **pero** aceptando que me ayudo a crecer a nivel intelectual; para hacerme cada día más culto y para afrontar mi vida de forma más eficiente. Sin embargo; abandone dicha profesión y por causa de la crisis en Venezuela tuve que trabajar como ayudante, en un taller de mecánica, durante 5 largos años con mi hermano mayor. ! En el año 2019 cuando se presentó* la pandemia mundial se supo que el señor fausto murió a causa de la enfermedad (COVID-19)

Mi consejo que daré al mundo; referente a esta historia es que, a menos que estén claros en la vida; de las decisiones que puedan tomar; den el paso; siendo conscientes que después de haberlo hecho... no hay vuelta atrás. El señor Fausto una vez dijo <<que él estaba claro del precio; de tener todo cuanto quisiera; porque para pagar su deuda a quien consideraba su Dios del mal, era... su alma>>

Otra recomendación; que hare, que nada tiene que ver con espiritismo; es que si van a trabajar para una persona; asegúrense de haber llegado a un precio razonable, nunca se vayan porque le digan "Tranquilo que yo te pago bien" esto lo comento por lo que me sucedió con mis primos en la casa del señor Fausto.

Una aclaratoria que hago: sobre el señor Fausto con esta historia, no lo quiero señalar como el causante de las cosas que han pasado, en aquel pueblo, que ahora se encuentra sumido en la miseria; el señor Fausto tal vez no sea responsable de lo que haya pasado; aunque puede que sí la tuvo el ser maligno que el invocaba. Al parecer ya se marchó. Hay personas que dicen: "no hay mal que dure cien años ni cuerpo que lo resista". Ojala que el pueblo que aun en el año 2020 está sumido en el abandono y el olvido, vuelva el progreso, la felicidad y la unión de las familias desde ahora y **para siempre.**

La casa embrujada

Nunca me llegue a imaginar que si una persona realiza rituales malignos en una casa, o si llegaran a suceder eventualidades que transformen la tranquilidad espiritual para los individuos que habitan en ella; el mal estará asechando en todo momento, buscando la forma de atormentar a las personas que habitan el sitio, hasta que se lleven a cabo medidas para detener el encantamiento que existe. Mi nombre es Jesús y la historia que contare le sucedió a una familia conformada por tres personas, una pareja con un niño de tan solo 5 años de edad, luego de que compraran una casa a un precio extremadamente económico, además de ser un inmueble amplio, esto permitía a la pareja que cada quien tuviese su espacio para descansar, o si quisieran leer un libro en tranquilidad había también un área de recreación, donde se podía ver cine en casa con butacas incluidas, o si lo preferían también tenían la posibilidad de utilizarlo como un lugar de reuniones o eventos, ejemplo fiestas o reunión de negocios. La casa cumplía todos los requisitos que cualquier familia desearía tener, y por si eso no fuera suficiente, estaba completamente amoblada. La persona que me conto esta historia no me quiso decir cuánto les había costado la casa, aunque si lo que les llego a suceder, luego de estar habitando el inmueble. El primer día que llegaron a habitarla, en la noche se escuchaban voces de personas hablando y riendo, el esposo de la mujer, se dirigió a revisar toda la casa para saber de dónde

venían las conversaciones, pero no había nada. El sujeto volvió al cuarto diciendo a su esposa que todo era parte de la imaginación, la mujer le pregunto— ¿fuiste a ver al niño? El respondió que sí, que el niño estaba durmiendo tranquilamente. El hijo se llamaba Elián. Este niño en ningún momento estuvo de acuerdo en mudarse al nuevo hogar; debido a que ya no podría compartir con sus primos; porque la distancia no lo permitían. No obstante al día siguiente el niño despertó con una mejor actitud, su estado de ánimo ya no era el mismo, Elián decía una y otra vez— ¡¡tengo un amigo imaginario!! ¡¡Tengo un amigo imaginario!! Sus padres veían su situación como algo positivo, debido a que por fin su hijo dejaría su rabia y reproche en contra de ellos por llevarlo tan lejos de donde se encontraban sus primos. Pasaron los días y comenzaban a suceder cosas cada vez más extrañas, desde caer un vaso de vidrio, con agua al piso, hasta tener que ir todas las noches por segunda vez para apagar la luz del cuarto de Elián. La pareja no entendía porque razón sucedía todo eso. Y mientras seguían pasando los días el niño Elián se veía en las mañanas cada vez más decaído con mucho sueño y con ojeras de trasnocho. Los padres le preguntaron a Elián — hijo que sucede, porque todas las mañanas te levantas cansado y además vemos en tu rostro muchas ojeras, ¿es que acaso tu no estas durmiendo? El niño respondía — Es que he estado jugando con "DUN" LOS PADRES preguntaban— DUN, ¿Quién es DUN hijo? El niño respondía seguro de sí mismo DUN es mi amigo imaginario. El padre se puso preocupado y le dijo a su esposa — mi amor me parece que ha llegado el momento de llevar a nuestro hijo al médico, porque creo que tiene problemas, esta alucinando. El niño molesto respondía - Yo no estoy alucinando, les digo la verdad. Los padres no le hicieron caso y decidieron llevarlo al médico a fin de que lo examinaran. A Elián lo llevaron a un doctor para que lo evaluaran a nivel físico y además de eso, a un psicólogo para realizarle una evaluación mental. El médico luego de hacerle los exámenes, dijo que el niño en su organismo, según estaba bien y si querían que durmiera más horas en la noche lo recomendable era darle alimentos balanceados durante la noche y no *dejarlo dormir tantas horas durante en la mañana, de manera que cuando se fuese dormir, lo haga a la hora más recomendable. Mientras que el psicólogo les hizo mención que lo que refería al niño imaginario según "es un estado mental en el que el niño condiciona sus pensamiento a personajes irreales para complementar la ausencia de sus compañeros con los que llego a compartir en un pasado, en este caso serían sus primos". Y les recomendó llevarlo a un lugar donde hubiese niños; de manera que Elián se pudiera relacionar con ellos y desapareciera por completo esa fantasía que yacía en sus pensamientos. Así que sus padres hicieron todo lo que los doctores le habían recomendado, las primeras semanas estaba causando efecto las recomendaciones dadas por los profesionales, **pero** había algo que no dejaba de suceder, y era que el bombillo del cuarto de Elián, el cual siempre su madre debía apagar porque amanecía prendido. Pasaron los días y en la casa era más tormentoso vivir, principalmente durante la noche, alguien o algo cerraba las puertas de los cuartos con mucha furia, a las dos de la mañana, la pareja después de estar arropada, ya no lo estaban, sucedían cosas raras de las que no se les conseguían la explicación. La pareja pudiendo buscar ayuda en lo espiritual con profesionales expertos, no lo hacían porque eran **ateos**, cuando se prendía la luz decían "eso debió ser el apagador que esta flojo" **cuando** las sabanas estaban en el piso se culpaban el uno con el otro, con relación a las puertas que extrañamente se cerraban el hombre decía mi amor eso es normal, durante el día la casa, con el calor del sol se expande y durante la noche se contrae y con respecto a las voces que en ciertas ocasiones se escuchaban decían que era obra de la imaginación. La pareja era tan escéptica que no creía en nada que guardara relación a lo paranormal. Hasta que un día cuando se levantaron en la mañana, y fueron al cuarto del niño, descubrieron que este estaba colgado del cuello con una cuerda que se encontraba amarrada en el techo y al lado había una mesa que se presumía el niño había utilizado para colocar en el techo varias trenzas de zapato amaradas unas con otras. La madre comenzó a llorar, gritando a su esposo para que la ayudara a bajar a Elián que estaba colgado del techo sin signos vitales.*

*El padre llego al cuarto y seguidamente bajo a su hijo, impresionado de lo que este había hecho. Días después del entierro de Elián, por iniciativa del padre del fallecido buscaron ayuda espiritista, algo que la ciencia de lo material no les daba explicación, queriendo de algún modo encontrar respuestas a la muerte de su hijo, un niño que jamás había dejado de recibir amor de sus padres, no tenía ningún trauma psicológico, antes de buscar ayuda de espiritistas primero comenzaron a informarse sobre los antiguos dueños del inmueble; si sabían de lo que estaba sucediendo en el lugar, ellos al principio se negaban a decir algo de la casa hasta que supieron sobre la muerte del niño, no les quedo de otra que decir el motivo que los llevo a vender la casa a un precio muy por debajo de lo que debía costar. Diciendo: Perdónenme, la razón por la que mi esposa y yo vendimos esa casa a un precio tan bajo fue porque en ese lugar hay presencias malignas, son espíritus atrapados por alguna razón, no sabemos el motivo, aunque lo que les puedo decir es que cuando yo vivía con mi ex esposa nada de esto sucedía, luego de que nos separamos y me case con **ROSALIA FUE CUANDO COMENZO A SUCEDER TODO ESTO**, aunque hay algo que recuerdo y no se me va a olvidar, fue cuando mi ex esposa me dijo "Está bien quédate con la casa, **pero** ten la plena seguridad que si yo no viviré en ella tu nueva esposa tampoco lo hará, porque no tendrán paz". Ella dijo eso y luego de que yo ganara el juicio y me quedara con la casa para comenzar a habitarla, sucedieron cosas extrañas, sentía que me asfixiaban mientras dormía, a Rosalía la empujaron **cuando** se bañaba, se caían cosas en el piso y de noche se prendían y apagaban las luces. Después de que sucediera todo ese hecho paranormal tome la decisión de venderla a ustedes.*

Luego de que los padres de Elián supieran la verdad contrataron personas con dones espirituales para informarse más a fondo sobre lo que realmente le había sucedido a su hijo. Hubo varios conocedores de lo **paranormal** *que habían llegado al sitio y solo un grupo de espiritistas fue capaz de convencerlos con la información dada, diciéndoles: — ¿díganme en que parte de la casa se ahorco el niño? La pareja les dijo el sitio, ellos* *respondieron — vamos a intentar realizar una invocación para saber si su hijo está aquí. Las personas por medio de oraciones comenzaron a llamarlo, hasta que lograron establecer contacto, los espiritistas les preguntaban a los padres de Elián — ¿Qué es lo que quieren preguntar? Los padres respondieron queremos que nos digas porque acabo con su vida. La mujer le pregunto lo que querían saber y el niño le respondió — fue mi amigo imaginario DUN, el me engaño, me dijo que si yo unía unas trenzas, las colocaba en mi cuello y después la amarraba al techo podía volar como él y eso fue lo que hice, busque la mesa que permanece el mi cuarto y coloque una silla encima, así fue que logre amarrar la cuerda al techo; luego cuando vi a mi madre llorar, me di cuenta que no había hecho lo correcto, ya era demasiado tarde. Al niño le preguntaron — ¿Cómo era DUN y si ese era su nombre real o imaginario? El niño respondió que su nombre real era otro y el ser le decía que era mejor llamarlo DUN, de duende, porque posiblemente sus padres no estarían de acuerdo con su amistad, si él les decía su nombre real. Partiendo de esta información ya sabían que presencia maléfica había incitado a Elián en tomar la decisión de ahorcarse, ahora solo faltaba saber ¿Por qué razón estaban en esa casa? Ya que no era solo el Duende, sino también otras animas que atormentaran a las personas que vivían en el lugar. Los espiritistas dijeron —se debe sacar todo los muebles de aquí, ya que esta casa la trabajaron con magia negra para que todo aquel que viviera no tuviera tranquilidad. Los padres de Elián hicieron lo que se les había ordenado, constatando que había símbolos de magia negra debajo de la cama, detrás del televisor gigante que estaba en el auditorio que utilizaban para todo tipo de eventos. Automáticamente los padres de Elián dijeron —la persona que hizo todo ese mal fue la ex esposa del hombre que nos vendió la casa, por venganza, porque el esposo la había dejado por otra mujer. Luego de saber toda la verdad, les pagaron a diferentes personas que tenían conocimientos con la intención de realizar una limpieza espiritual en el sitio, hicieron rezos a fin de que su hijo pudiera descansar en paz. Es triste saber de una forma muy fuerte y trágica los padres de Elián creyeron que lo sobrenatural existe. Y la recomendación que dieron partiendo de su experiencia fue que en situaciones de pérdidas de un ser querido o separaciones, la mejor decisión es alejarse del lugar, ya que eso es lo que recomiendan los psicólogos. Los padres de Elián realizaron la limpieza espiritual no para vivir en la casa, sino más bien para que a los futuros dueños no les fueran a suceder la* **misma situación.**

CAPÍTULO V: ME ENAMORE DE LA HIJA DE UNA BRUJA

Hace 20 años; cuando apenas tenía 22 años; estaba en mi mundo; era un rebelde sin causa, me gustaba todo lo que tenía que ver con el Rock .En mis tiempos libres me iba con mi familia a subir la Montaña .A mis 18 años pude lograr descubrir un don, que jamás llegue a pensar que tenía, era que podía salir de mi cuerpo ¡Sí! no les miento, podía salirme de mi cuerpo a mis anchas; cuando lo hacía, recorría toda la casa. Me desplazaba flotando en el aire, como a una altura de 50 centímetros.

*A mis 22 años conocí la chica de mis sueños; la mujer de mi vida; quien fue mi esposa, por 10 largos años y con la que logre tener 4 hermosos niños, muchos de ellos en la actualidad, son adolescentes .La conocí visitando a su hermano; al principio no nos llevábamos muy bien , creo que se debía, porque yo era una persona muy atractiva y ella era poco agraciada, me parece que eso le molestaba mucho; aunque a mí no me afectaba en lo más mínimo, que yo fuera "El Bello y ella la Bestia" o yo "El caballero y ella la Vagabunda" eso a mí me tenía sin importancia. Lo que si me importaba **era** que nuestro amor fuera leal y hermoso, aunque tenía un buen trasero y unas piernas que sacaban la cara por ella. La Bruja de su madre; ojo (no la menciono así por maldad) sino que ella era una bruja; no como las que vuelan con escobas, sino, como las que son de la vida real, esas que leen las cartas, invocan espíritus y hasta eliminan hechizos colocados por otros hechiceros.*

La señora nunca fue cariñosa conmigo; de hecho, jamás le caí muy bien que digamos; al principio se burlaba de mi apariencia; diciendo que yo era "un raro", porque llevaba ropa negra y tenía el cabello largo, con zarcillos en mis orejas, yo lo que hacía era mirarla y me callaba, me calaba las humillaciones de la vieja. Una vez me dijo, que si me había mandado a quitar unas costillas, como lo hizo un cantante de Rock muy famoso, para succionarse su propio miembro ¡La vieja era muy sucia conmigo! Soporte muchas humillaciones, por tener la posibilidad de conquistar a su hija; ella se llamaba Victoria; iba a ser una victoria para mí, enamorar a la hija, cosa que la bruja al principio no sospechaba.

Poco a poco fui cautivando a Victoria, le llevaba rosas, salíamos al cine, íbamos a centros comerciales y hasta comíamos helados. Victoria apenas tenía 18 años era una **moza** y creo que eso me cautivaba más .Después de dos meses de salir a escondidas, nos hicimos novios. Me sentía muy feliz de estar empatado (de novio) con mi fea bella... como yo la llamaba. Comenzamos a salir más a menudo, estaba tan enamorado que le pedí formalizar nuestro noviazgo; yendo a contárselo a la bruja; que ahora iba a ser mi suegra. Mi novia en seguida reacciono diciendo — ¡Tú estás loco! ¡Cómo se te ocurre! ¡Es que ni te imaginas lo que podría pasar si mi mamá llegara a saber sobre nuestro noviazgo!

— ¿Tan bruja es así? — le pregunte.

— ¡Brujisima mi amor!

— ¡No me digas que convierte a la gente en sapo!

—Tampoco así mi amor, no exageres.

—De la bruja de tu madre se puede esperar cualquier cosa en mi contra.

— ¡Pero tampoco la trates mal! Diciéndole que es una bruja.

Yo le decía — ¡Mi amor la estoy llamando por su profesión! La muy inocente entraba en razón y me decía —Es verdad mi amor esa es su profesión, toda la vida lo ha sido.

— vamos hacer algo cariño, quiero que conozcas a mis dos hermanas y por supuesto, a mi madre, mañana sábado, ¿Qué te parece? Ya que "por ahora no quieres que me presente como tu novio con tu mamá"

—Está bien; me parece una gran idea.

La dejé antes de llegar a su casa, donde pasaba el transporte público, en el cual veníamos, para separarnos, e irnos cada uno a nuestras respectivas comunidades, vivíamos relativamente cerca.

El día sábado llegó, la espere justo en la parada de autobuses, donde la había dejado un día anterior. Apenas la vi nos fuimos caminando a mi casa. Al llegar, una de mis hermanas, había hecho unas galletas para darle a mi novia, como haciéndole un presente que fuera de su agrado. Entramos a la casa, los presente.

—Mi amor ellas dos son mis hermanas Lucia e Isabel y ellas es mi madre Domitila.

Victoria le estrecho la mano a cada una de ellas y comenzaron a preguntarle.

—Luisa y; ¿tú de dónde eres?

—Vivo en la comunidad que queda al frente.

Isabel: — ¡Qué bien, así a mi hermano se le va a ser más fácil irte a visitar y tú a nosotras!

Después mi mamá le pregunto— ¿A que se dedican tus padres?

Yo enseguida me puse un poco molesto y dije — ¡Mamá ya se está volviendo esto un interrogatorio!

— ¡Hijo es que me gustaría saber cómo es su familia! De que procedencia es. Si a ella le molesta la pregunta; no tiene por qué responderla.

Mi novia estaba un poco nerviosa y le dije —Amor no estas obligada a responder.

—Tranquilo mi vida; no hay problema...Mi papá se murió cuando yo tenía 10 años y después de eso mi mamá nos mantuvo, haciendo trabajos de brujería; eso era algo que ella había aprendido de parte por parte mi abuela, cuando tan solo era una niña.

Todas se quedaron calladas y no emitieron más comentarios al respecto .Me di cuenta enseguida, que a mi familia no le agradaba mi novia; por las creencias religiosas, no obstante me iban a respetar mi relación; ya que como yo era un poco rebelde, temían que por ella me pudiera ir de la casa.

Ese día nos fuimos casi enseguida, luego de comernos las galletas. En la noche mi mamá se sentó conmigo en la sala y me dijo —hijo antes que nada quiero que sepas que te amo y también que respeto tus decisiones; **pero** como madre debo **preverte** de futuros sufrimientos... Solo te diré que ¡Estés pendiente de los pasos que de ahora en adelante has de tomar!

—Tranquila madre querida; tomare en cuenta tus consejos.

Nos paramos y nos fuimos a dormir. Cuando subo a mi cuarto y entro, pasan mis hermanas **Isabel**, la más bromista de la casa me dice— ¡Hermano no la pudiste conseguir más fea!

Le respondí — figúrate tú, que yo creía que era suficientemente fea.

Esas hermanas mías comenzaron a reírse y yo también. Luisa dijo. — Mira **Isabel** no seas cruel con mi hermano chica, tú no te das cuenta que él se enamoró del buen trasero y las tremendas piernas que tiene victoria. — Tienes razón Luisa; con tal de que no se vaya a venir volando con una escoba jajaja(risas).

Posteriormente de haber llevado a Victoria para que conociera a mi familia, comenzamos a salir a lugares en los cuales frecuentaba con mis amigos rockeros, **con la condición que** siempre debía ser a escondidas como mi novia me lo exigía. ¡Estaba harto de tal situación! Luego de 4 meses de salir bajo esas condiciones, me tuve que imponer, no me aguante y se lo dije: — victoria ya no aguanto más tener una relación bajo esas condiciones a mí me parece que sería mejor decirle toda la verdad a tu madre y de esta forma, ser un novio formal en tu vida. —No se amor, a mí no me parece buena idea, mi madre no te ve con buenos ojos, lo más seguro es que ella impida que nos volvamos a ver. —El amor todo lo puede; y tu madre no va a separarnos —está bien; después no digas que no te lo advertí. — Contestó. —Tranquila amor no me va a suceder nada. Logre convencerla ¡me sentía muy feliz! Solo faltaba que la suegra diera su aprobación, entre rabias y molestias.

—Al día siguiente me coloque mi mejor pinta o ropa, me fui al supermercado y le compre unos bombones a la suegra, para ver si de esa forma su rabia hacia mi persona, sería menor. Al llegar al sitio, estaba un poco nervioso, **no obstante** con mi confianza por delante. Me hicieron pasar y luego de saludar a mi novia con un hola y también a mi suegra *y de entregarle la caja de bombones, la vieja bruja dijo —Ay; si llego el anormal y eso; ¿Tu dándome bombones? no me digas, que ahora me quieres enamorar. — Le respondí —no doña **Ramona**; se lo traje aprovechando la afinidad, que de ahora en adelante tendremos usted y yo. —¡Cómo es eso chico! Explícame bien; de que afinidad me hablas. Estaba muy asustado, como si fuera el día de mi juicio final, en el cual, ya era enjuiciado y el anticristo me iba a recibir con los brazos abiertos en el más allá. Le respondí diciendo: —Bueno doña Ramona sucede que su hija y yo somos novios La vieja era tan lambucea, que de 5 bombones que le había comprado; ya se había llevado a la boca 3; cuando supo la noticia se estaba ahogando y Victoria le tuvo que buscar agua. Una vez que bebió me dijo —Mira muchacho, te voy a decir solo una cosa; ¡Si tú no quieres que tu cara quede como un verdadero anormal, es mejor que desde ahora te desaparezca de mi vista y ya no vuelvas, por acá! ¡Y los bombones estos, lo vas agarrar y te lo vas a meter por donde no te pegue el sol! Es más, te largas de aquí, que no te vea por acá, porque si te llego a ver... te va a pesar, no te quiero al lado de mi hija. Le respondí — ¡Señora, ni usted ni nadie podrá separarnos! Mi novia contesto, diciendo —Mi amor es mejor que te vayas; no sigas discutiendo con mi madre. — La bruja respondió — Y tú ¡Te vas para tu cuarto ya! Me fui inmediatamente del lugar ,pensando, que iba ser de mi relación con Victoria , los 2 bombones que no se comió, me los lanzo al momento de echarme a la calle ; me los iba comiendo en el camino ; para ver si me ayudaban en algo, de tener una idea, en cuanto a lo que me estaba sucediendo . Llegue a mi casa muy triste, entre mi habitación y me puse a llorar por un rato. Al día siguiente le mande un mensaje de texto a Victoria; me dijo que su madre la tenía castigada hasta que ella misma prometiera no volver a estar conmigo. Duro como una semana sin salir, planificamos por mensajes, un lugar para vernos, que la doña no se diera cuenta .Nos vimos en el sitio acordado, le pregunte como había hecho, que lograron suspender el castigo; ella me dijo: —le prometí a mi madre no volverte a ver. — No entiendo, si lo prometiste ¿Cómo es que estas aquí conmigo? —Bueno mi amor...Cuando uno promete con los dedos* *cruzados, no tiene valides esa promesa; mucho menos cuando la promesa la haces bajo coacción Me causo mucha risa lo que me dijo y nos fuimos a un lugar donde estuviéramos solos, para hacer el amor. Comenzamos a salir otra vez, a escondidas como lo habíamos hecho antes. Todo iba de lo más bien, hasta que un día, un chismoso nos delato, era un señor, al que doña Ramona le realizaba trabajos de consulta de lo que ella sabía (espiritismo).*

*Lo supe, luego que mi novia; me lo contara, ese día en la noche , cuando mis hermanas y mi madre se acostaron a dormir , me fui a mi cuarto , cerré los ojos, coloque mi cuerpo boca arriba , me relaje ; inhale y exhale mi respiración, manteniendo al máximo mi concentración; hice un leve movimiento en mi dedo pulgar del pie derecho y luego de un rato; ya tenía mi alma fuera de mi estado físico, podía apreciar mi cuerpo, acostado en reposo ; esa noche lo hice principalmente para espiar a la bruja . Traspase la puerta de mi cuarto; yéndome a la salida de mi casa. Me fui desplazando, hasta salir a la calle; por primera vez me alejaba de mi hogar; habiendo salido de cuerpo. Rumbo a la casa de mi suegra .Eran como las 10 de la noche; las calles estaban solas, cuando me desplazaba por el medio de la vía, por suerte para mí, las luces de los postes estaban encendidas, seguía desplazándome, moviendo mi espíritu a voluntad, al lugar que yo quisiera; flotaba a una altura de unos 30 centímetros. Llegue a la casa de mi suegra, después de haber avanzado por unos 10 minutos aproximadamente, entre; todos aún estaban despiertos. Cuando paso al cuarto de Victoria; estaba acostada boca abajo; tenía unos cacheteros color rosado que dejaban ver sus bellos glúteos y una camisa de dormir. No permanecí mucho en esa habitación, para no desviar mi misión, del porque estaba en esa casa. Comencé a recorrer las habitaciones para ver si veía a mi suegra. No **se encontraba** adentro; estaba en el patio trasero del inmueble, lo supe porque la puerta de atrás se veía abierta, fui acercándome hasta salir y descubrir lo que hacía, me quede observando a 12 metros de distancia ¡La señora estaba invocando espíritus! Me di cuenta después de percatarme que hacía sonar sus dedos, al tiempo que* *fumaba un **tabaco**, de repente, entre el humo; vi que apareció un espíritu, de esos que no se dejan ver la cara, en este caso era una mujer blanca, de cabello negro y muy largo; se veía que era bastante liso; llevaba un vestido blanco. Me logro percatar que el ánima, luego de recibir órdenes de la bruja de mi suegra, fue alejándose del lugar donde estaba, saliendo a la calle; la comience a seguir y descubro enseguida que iba en dirección a mi casa, con la intención de hacerme daño, apuro mi desplazamiento, cortando camino, para así, poder llegar más rápido a mi hogar.*

La imagen que muestro es un ejemplo de cómo fue el espíritu que me seguía, con la diferencia de que el ánima en figura de mujer tenía el cabello negro y no se dejaba ver el rostro.

*Mi desplazamiento era mucho más rápido que el de ella; me imagino, que **fue** porque yo soy un espíritu de vida. Le llevaba 30 pasos aproximadamente de ventaja, no obstante el espíritu maligno era persistente, no se daría por vencido; hasta tanto haber cumplido la orden que le fue dada. Llegue a la casa; ella venia atrás de mí; ¡Yo estaba muy nervioso! enseguida subí a mi cuarto, para entrar en mi cuerpo de nuevo. Mientras lo hacía ¡No tenía la concentración suficiente para volver! Me metía y me volvía a salir ¡Estaba muy asustado! Hasta que por fin lo hice; **creo** que era demasiado tarde, porque el ánima que me seguía, entro a mi cuerpo, justo al mismo tiempo que yo lo hice. En ese momento me levante de mi cama ¡Con mi cara torcida! ¡Parecía un completo anormal! Me fui de inmediato al cuarto de mi mamá y le toque la puerta, para que* *me ayudara, en ese momento; ella me permitió entrar; yo; como pude, le hable, ella a su vez me preguntaba: — ¿Qué te pasa hijo mío?*

Le dije como pude — ¡Hay un espíritu dentro de mí!

Yo no hablaba bien, aun así mi mamá entendió lo que me pasaba y me dijo

—Tranquilo hijo te ayudare...

Comenzó a realizarme unos rezos, hasta lograr que el demonio saliera dentro de mí.

*Era la tercera vez que salía de mi cuerpo; no voy a negar que desde mi punto de vista, salir de tu cuerpo, es mejor que hacer el amor; **aunque** después que me paso eso, de no poder volver a mi estado natural, **jamás lo volví a hacer**. Mi mamá me hablo diciéndome, que ella me lo había advertido, le dije que tenía razón y que esta vez haría las cosas de una manera distinta. Ella respondió que estaba bien; que no había ningún problema, no obstante que supiera bien lo que iba a hacer. Cuando ya estaba tranquilo, recuerdo las palabras que me había dicho mi suegra. Que haría lo posible, de que me viera como un anormal.*

Una semana después, de aquel acontecimiento tormentoso; decidí hacer una tregua con la señora. Me deje de mis amigos rockeros, me corte mi hermosa melena, me quite los zarcillos y por ultimo busque trabajo. Ella, los primeros días me trato con amor y respeto; después paso algo que no lo veía venir. ¡Embarace a Victoria! Y la suegra la boto de la casa. Mi mamá le dio posada; mientras yo buscaba organizarme para tener nuestra casa.

Con el tiempo conseguí un mejor trabajo y le compre la casa donde compartimos por muchos años.

En este 2020 estoy solo, disfrutando con mujeres pasajeras, viviendo mi vida.

Las dos caras de la moneda. En la primera imagen les muestro, la calle en dirección donde yo salía, que era la casa donde vivía con mis dos hermanas y mi madre, la segunda imagen, mucho más allá de las 7 luces que se visualizan al inicio de la calle, es donde vivía la chica, que para aquel entonces, fue mi novia y años más tarde mi esposa... hasta que nos divorciamos. No mencionare la zona exacta donde sucedió todo, pero sí, que fue en algún lugar de Venezuela.

A las personas que lean mi relato, no cometan las estupideces que yo hice, porque puede que no corran con la misma suerte que yo .Esta experiencia vivida no es para nada ficción, si quieren investiguen y se darán cuenta que mi relato es completamente real, hay personas que no tienen las mismas capacidades para salir de su cuerpo. Un detalle sobre esta experiencia que tuve, fue que le dije a victoria todo lo que yo había hecho, no me creía, hasta que le comente lo que ella estaba haciendo aquella vez, en el cuarto; esa mujer se puso a temblar y le dio por llorar, esto no es un juego amigos, aunque para salir de tu cuerpo , en mucho de los casos va a depender de tu aura, es decir lo que tu emanas para que estés en plena y total meditación con tu mente cuerpo y alma. Sé que para algunos esto es muy difícil de creer, y me hace recordar una película llamada <<Doctor **Strange,** creada por **Marvel** Estudios>> hago mención de esta película, porque así, como se comportaba el doctor; quien es el protagonista de esta película, es como actúan las personas cuando no creen en lo espiritual y luego que descubren la verdad, algunos llegan a quedar hasta consternados. No obstante esto es un don muy delicado, que necesariamente no todos deberían saber, porque todos no somos **iguales.**

CAPÍTULO VI: EL PACTO

Mi nombre es Jaime. Posiblemente la historia que les presento, para mi criterio, es la historia más tenebrosa que todas las historias que contenga este libro; puesto que hice un pacto con el príncipe de las tinieblas, eso me cambio en cierta forma mi vida, ya que, de no tener absolutamente nada... lo llegue a tener todo.

*Mi historia comenzó en el año 2007. Fui un delincuente; robaba para poder alimentarme. No me importaba nada. Un día, que estaba haciendo una de mis tantas fechorías, en una plaza, conocí a una persona, que vestía de blanco, usaba collares, recuerdo que uno de los collares, era de color verde y amarillo, **me di cuenta** enseguida que el hombre era un Babalawo, una persona una vez me dijo, que si llegaba a ver un hombre o mujer, que mostrara ser de esa religión, evitara en lo absoluto robarle sus pertenencias; que por mi bien lo dejara seguir su camino; ese consejo de aquella persona a mí nunca se me olvido y a pesar que el hombre mostraba más **joyas** de lujo, que todos los que estaban en el lugar, le dije a mi compañero con el que estaba trabajando, que ni se le ocurriera tomar las cosas del tipo que bestia de blanco, él se molestó un poco, ya tenía en el bolso algunas prendas de valor, que les había quitado y se las tuvo que devolver.*

*El hombre me miro a los ojos y me dijo; tienes un poder espiritual, para hacer lo que yo hago, sal de esa vida de miseria; de **zozobra** y únete a mí; toma mi número; llámame cuando lo dispongas.*

Me quede sorprendido de todo aquello que me dijo... había salido hacer el trabajo al cual me dedico y termine consiguiendo un nuevo trabajo. Huí, con mi compañero, con todas las cosas que tomamos, llevando su número telefónico, sobre mi mano derecha. Llegamos donde estaba mi jefe, entregamos las pistolas y dividimos el botín. Me dio mi parte y me fui a casa. Ese día me dejo pensativo, todo lo que me dijo aquel sujeto, tanto así que lo llame al día siguiente y le dije que estaba interesado con la propuesta que me había dicho. Al hombre le pareció bueno, que yo sintiera curiosidad por el espiritismo y me invito a su casa para hablar del tema; diciéndome:

*—Te explicaré como funciona esto; de la forma más clara y directa, de tal manera que no vayas a decir que omití información. **Yo** Pertenezco a una religión, en la que adoramos al príncipe de las tinieblas, mejor conocido como Lucifer; te voy a entrenar, para que seas igual o mejor que yo; seré la persona a la que llamarás **Padrino; tú vas a saber todo lo que yo sé y sabrás todo cuanto necesites saber.** Una cosa más... Mi Dios te dará todo lo que necesites; no va hacer necesario que sigas robando, deja que otros roben por ti y te paguen por los trabajos que te manden hacer; como conjuros de protección; hechizos para desaparecer a los enemigos que ellos tengan.*

Le pregunte — ¿cómo voy hacer; para salirme de la banda en la que estoy? ¡Si lo hago me mataran!

— Por eso no te preocupes; que yo te haré un conjuro, con la intención de que tu jefe no te haga daño y te deje salir de esa banda criminal, sin impedimento alguno. La única condición será que ni se te vaya a ocurrir olvidarte de quien te dará de comer de ahora en adelante, porque si lo hicieras te lo cobrara con los que menos tú te imaginas... ¡Con tus seres queridos!

*Me asuste un poco y como ya no estaba dispuesto a seguir mi vida de delincuente, acepte las condiciones y me dirigí donde estaba mi jefe, a participarle que ya no seguiría más trabajando para él. Cuando llegue al lugar y comencé hablar, casi que me interrumpe, para informarme sobre un robo grande; a una finca. Lo interrumpí, diciéndole que no quería seguir robando. Se molestó muchísimo y me dijo, que me diera la vuelta y caminara, puesto que mi vida, ahora dependía de él. Hice lo que me pidió, me di la vuelta y avance como si me estuviera despidiendo. Mi jefe acciono un revolver que tenía; y lanzo unos disparos al aire, yo me sorprendí, cuando después me dijo; ¡No te quiero ver por acá, si te veo eres hombre muerto! Me fui de ese lugar. A la semana, de haberme retirado; me enteré que a casi todos los habían matado, incluyendo a quien fuera mi jefe, en una emboscada que le hizo una banda criminal enemiga. Los delincuentes que habían quedado vivos; huyeron a otros Estados del país ¡**De la que me salve yo**! Aunque también estaba mi vida en peligro, ya que los enemigos de mi jefe eran mis enemigos; increíblemente no me sucedía nada. Era como si fuera un hombre invisible, no me veían, o no me reconocían; ¡fantástico! Me estaba empezando a sentir como un súper poderoso.*

Pasó el tiempo y había aprendido muchas cosas, tenía el poder de provocar accidentes estando sentado desde un autobús de transporte público; podía tener las mujeres que quería de una forma muy fácil, siempre y cuando las víctimas fueran mundanas, es decir que no tuvieran ningún vínculo directo con Dios y Jesucristo.

*En dos años ya tenía todo lo que había soñado, casa, carro, mujeres y lujos, **pero** sucedió algo inesperado que cambio mi vida por completo. Me enamore de una persona, una muchacha **recatada,** que si creía en Dios; esta chica permitió de cierta forma que yo tuviera una segunda oportunidad. No sabía qué hacer, quería salir de lo que hacía, el detalle fue que no sabía cómo hacerlo, perdería todo cuanto tuve, en segundos. Sin **embargo, mi amor, era más poderoso que mi vanidad.** Tome la decisión y me retiré. Fui a la casa de quien fuera mi padrino espiritual y* *mi maestro, con el que había aprendido todo lo que sabía, a decirle sobre mi retiro. Este me dijo lo siguiente:*

—Te vas retirar... Yo te lo advertí; sobre las consecuencias ¡Ya no dependerá de mí; lo que te suceda de ahora en adelante!

Lucifer comienza a cobrarse por mi deslealtad.

Comenzaron a suceder en mi vida cosas ilógicas. La casa que había obtenido, una de las mujeres de la mala vida me la quito, el carro lo choque de una forma **muy** *extraña y estúpida. A pesar de todo lo que me sucedió; mi novia no me dejo solo. Volví a quedar sin nada, nuevamente.*

El Dios justo me dio una Segunda oportunidad

Le pedí trabajo a un tío, hermano de mi mamá, al principio no quería darme trabajo, gracias a mi madre lo convenció de **brindarme** *una segunda oportunidad. Comencé a trabajar la albañilería, empezando fue difícil, como todo en la vida, sin embargo me fui acostumbrando ¡Hasta me llego a gustar! Porque me permitía ganar bien, sin arriesgar mi vida. Fui aprendiendo poco a poco, hasta el punto que llegue a pasar de ser ayudante a un albañil. Siendo albañil, las cosas eran distintas; ya que según mi experiencia, quien se esfuerza mas es el ayudante, porque debe batir el concreto, y llevarlo a donde está el albañil, además de eso debe cargar los bloques y cabillas si fuera necesario. En tres años logre tener la experiencia de un albañil. Compre un terreno, e hice una casa donde comencé a vivir con mi novia, convertida en mi esposa.*

El primer embarazo de mi esposa.

Lo supe antes que mi esposa se hiciera la prueba de embarazo .Por medio de un sueño en el que yo estaba en un abismo flotando en el aire y frente a mí; una persona ¡Horrible! Que me decía "Tu esposa quedará embarazada" ¡No lo van a tener! Me desperté sudando y muy nervioso. Mi esposa pregunto— ¡Mi amor! ¿Qué sucede? No le quise decir nada y le respondí — tranquila mi vida, fue solo una pesadilla. Eran las 3 de la madrugada; no pude dormir lo que quedaba de noche. A las 8 de la mañana, de ese mismo día le digo a mi compañera de vida —Mi amor necesito que vayas a la farmacia y te compres una prueba de embarazo.

— ¿Porque me dices que compre una prueba de embarazo? ¡Si ni siquiera tengo los síntomas¡ ¿Fue por la pesadilla que tuviste anoche?

Me quede sorprendido, al darme cuenta, sobre el sexto sentido que tienen las mujeres; no le dije nada; ya que si lo hacía, ella podía ponerse nerviosa y en un posible embarazo; no le haría bien al niño, así que le respondí una mentira piadosa. —No mi amor lo que sucede es que como llevamos 7 meses de vivir juntos no pierdo la fe, de que puedas estar embarazada.

Se quedó tranquila y no me dijo más nada. Me fui al trabajo. Cuando regrese en la tarde; mi esposa, me dio la noticia que iba a ser papá. Me puse muy feliz y le di dinero para que estuviera en control con una ginecoobstetra, **pero** sin dejar de sentir miedo y mucha incertidumbre, por la pesadilla que había tenido. Las primeras semanas todo iba marchando bien, aunque a la 5ta semana... **el feto** se convirtió en una bola de grasa, que ni la doctora lo podía creer y como ella era mucho de razonar más en lo científico; que en lo espiritual; termino diciendo que ¡Eso era un error de maquina! ¡Fue una falsa alarma! Lo que tenía era simplemente un tumor benigno. Yo sabía lo que sucedía y no dije nada, porque estaba consciente, que no era el momento. A mi esposa, le terminaron extrayendo aquella cosa de carne horrible; que permanecía en su vientre. Estábamos muy tristes; me pareció que le afecto más la perdida a ella, que a mí y le dije ¡Animo mi amor que, ya verás que lo volveremos a intentar!

Pasaron 7 meses y sucedieron dos cosas que me dejaron más nervioso, apareció lucifer una noche; yo estaba en la sala de mi casa; hablando con mi esposa; de repente vimos su presencia, me miro a mí, para decirme **"todavía, no estas ni de un lado ni del otro"** Era una figura monstruosa, tenia cachos y los ojos, eran rojos, lo más extraño de todo, fue que mi esposa lo veía **como un ángel de luz**. Se desapareció al rato, le pregunte a mi compañera de vida, si había visto lo mismo que yo, ella me respondió — ¿que viste tú? Le dije lo que observe; luego ella respondió que vio un ángel hermoso que se mostraba como un ángel de luz. No entendía la situación y fui a la casa de mi mamá a fin de hablar con mi hermano que era *evangélico y me dijo: —**lo que pasa es que tú ya conoces la verdadera cara del mal; al igual que yo, que soy soldado de Dios**. Tu esposa a pesar, que cree en Dios no distingue lo bueno de lo malo, porque aún es una chica de mundo; no se ha entregado de lleno en los caminos de Dios. Lo que debes hacer es leer la biblia; lee los salmos. Coloca una biblia en tu sala para que te recuerdes todos los días que tienes que leerla y por si se va la luz; compra velas para que no sea impedimento de leerla. Aunque tú sabes cuál es la mejor manera de que ese espíritus maligno te deje tranquilo; es entregándote al Cristianismo.*

*No le hice mucho caso a lo último que me dijo, de entregarme al cristianismo, porque soy de los que piensa que el día que lo haga debe ser de corazón; no por interés. Me fui ese día a la casa, busque una biblia y velas por si se iba la luz. Comencé a orar con mi esposa a la que le había contado todo lo que pasaba, a su vez le dije la pesadilla que había tenido, así como también que por medio de lucifer, fue que supe lo que había sucedido. Ella respondió que ya lo sospechaba. Comenzamos a leer esa noche la biblia, extrañamente se fue la luz solo en la casa, eso no fue impedimento de seguir leyendo; prendimos velas para continuar la lectura .Dejamos una vela prendida a una distancia bien considerable de la biblia, por si acaso se pudiese quemar; como para sentirnos de cierta forma protegidos por Dios . Cuando nos acostamos y me quedo dormido, volví a tener una pesadilla con el príncipe de las tinieblas, donde me decía unas palabras bíblicas que eran: **"Te vomitare y Escupiré" también me dijo que volvería a quedar embarazada mi esposa pero ese hijo no nacería**. Me volví a despertar asustado como la primera pesadilla que había tenido anteriormente; me relaje, vi la hora y eran las 3 de la madrugada, oré y me volví a quedar dormido. Cuando me despierto a las 7 de la mañana para observar la biblia, mi sorpresa, fue... que la biblia no estaba en la página de los salmos, sino en el capítulo donde dice Dios que no le gustaba el término medio y salía una parte que decía ¡Te vomitare y te Escupiré!*

¡Créanme que me asusté mucho! Nunca llegue a imaginar que ese espíritu malvado, pudiera destruir mi paz; mi felicidad de la forma como lo ha hecho. Mi esposa evidentemente quedo embarazada y de nuevo tuvo una perdida. No relataré la otra cosa que sucedió con mi vida porque es muy fuerte para mí, esta carga que he llevado por tanto tiempo; lo único que les recomiendo a las personas es; que no hagan pacto con el DIABLO, porque tarde o temprano se lo va a terminar **cobrando.**

CAPITULO VII: POSEÍDA

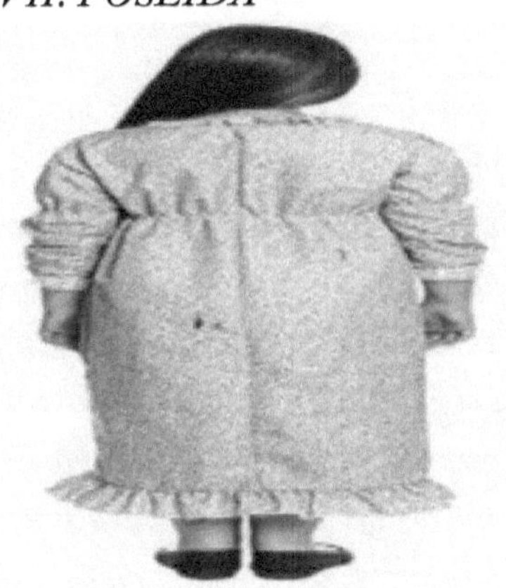

La sociedad cada día que pasa, pareciera verse más corrompida por los antivalores como: libertinaje, la promiscuidad, prostitución; la adicción a las drogas etc. Los medios de comunicación masivos; como la televisión, la radio y el internet; han sido propulsores por sus intereses económicos, a que esta situación se masifique y el Estado, lejos de ser el "interventor"; solo crea una que otra norma para controlar, que no pase de lo vulgar al descaro; de manera que la situación no se muestre anárquica y así mostrar una doble moral. Donde se pueda vender una idea Subliminal con la intención que esta genere beneficios económicos y se disfrace; haciendo creer al ciudadano que se está controlando lo que pudiera ser de peor daño para la sociedad.

Esta historia la inicie con un preámbulo refiriéndome a la sociedad, ya que de esta depende una civilización digna y éticamente moral, que se adapte a las necesidades humanas; tanto de los niños como de la colectividad general. Y en esta historia hasta la sociedad es responsable de *lo que pueda suceder a los niños y el Estado al no crear normas rígidas para controlar esta situación, estaría siendo cómplice de lo que suceda. Si bien es cierto la familia es la principal institución de la sociedad; no es menos cierto que el Estado y la sociedad deben ser garantes, **de tal forma** que la familia cumpla las expectativas requeridas, para su contribución al crecimiento económico y productivo.*

Este caso trata de una niña de 8 años; que por dejarse llevar por su prima, sin saberlo tomo decisiones equivocadas; que la llevaron a vivir una mala experiencia.

Sucedió un día que me dirigía a buscar mi sobrina al colegio, luego que mi hermana me pidiera el favor de ir a buscarla, porque ella necesitaba dirigirse al Banco para que le desbloquearan la tarjeta, puesto que ella misma la había bloqueado accidentalmente. Me fui caminando, ya que era cerca desde el lugar de mi casa; aproximadamente como a 500mtrs de distancia. Llegue al lugar, a lo lejos me pude dar cuenta que había un alboroto; como si hubiese sucedido algo extraño. Entre a la escuela, me acerque a una de las maestras, para preguntarle qué había sucedido. Está de inmediato me dijo —¿Usted viene a buscar un alumno?

—Sí, vengo a buscar a mi sobrina, de hecho mi hermana previamente llamo a su maestra.

—¿De qué grado es su sobrina?

—Es de segundo grado.

—Disculpe amigo; pero en ese salón, una niña esta poseída.

—¡Cómo es eso! ¡Voy de inmediato a ver qué sucede!

La maestra enseguida respondió— tranquilo joven, ya la niña está aislada y los demás niños; fueron llevados a otro lugar; mientras no llegan sus respectivos representantes. Si tú lo prefieres, anda y corrobora lo que te digo.

—Okey lo haré.

Me dirigí enseguida donde quedaba el salón de mi sobrina .Mientras me estaba acercando, me pude dar cuenta del salón donde estaba mi sobrina ¡Como el ser humano por naturaleza es curioso! fui a visualizar en qué condiciones se encontraba la niña. En la parte de afuera del otro salón. Se encontraban otros representantes ¡Curiosos! Como mi persona.

Cuando comienzo a visualizar a través de las ventanas del salón, vi a la niña, estaba sentada al final de una de las filas de los pupitres que quedaba en el medio del salón. Dentro había 2 maestras vigilantes de lo que pudiera pasar. Las maestras decían que esperaban a su madre, a quien habían llamado para contarle lo que sucedía; esta contesto que llegaría en compañía de un pastor Evangélico, el cual se encargaría de las labores de exorcismo, en el caso de la niña. Mientras que no llegaban las personas requeridas para resolver el problema; la niña decía una cantidad de incoherencias, liberando de su boca maldiciones para quienes estaban en el lugar. Me pude dar cuenta que la niña no actuaba por criterio propio, se veía en su rostro que no era ella quien decía todas esas palabras malignas.

Luego de 15 minutos de espera; llego la madre en compañía del pastor. El hombre era una persona muy sencilla que llevaba en sus manos un libro azul, supuse inmediatamente que era una biblia. El sujeto empezó a orar, preguntándole a su vez al demonio, su nombre. El ánima desconocida comenzaba a maldecirlo diciéndole cosas ¡horrible! Cada vez que el padre le preguntaba por su nombre, transcurridos 5 ó 6 minutos, el demonio logro decir cómo se llamaba, esto le permitió a pastor ordenarle por su nombre al espíritu para que abandonara el cuerpo de la niña, mientras lo hacía; constantemente **lo estaba retando.** *¡Hasta que por fin salió ese ser extraño!*

Una vez que la niña volviera a su estado normal, enseguida comenzó a vomitar, luego se desmayó y la trasladaron en un carro a su casa. Culminada esta situación extraña, fui a buscar a mi sobrina en el salón donde estaba resguardada; con los demás niños. Llegamos a mi casa y comencé a preguntarle a la niña ¿qué había sucedido con su compañera? Ella me respondió—lo que pasó tío... fue que a **Francis,** *se le murió su abuela, el papá se dejó de su mamá y ella se buscó otro hombre, con el que* *hacen lo que hacen los adultos; mientras ven películas en la televisión con hombres y mujeres desnudos.*

*Le pregunte enseguida— ¿Cómo es eso **Mariana?** Lo que hacen los adultos*

—¿Qué es lo que hacen los adultos?

—Bueno tío... ¡Tienen sexo!

— ¿Cómo sabes todo eso?

—Nos lo decía mi compañera de clase.

*— ¡Dios santo! Y a qué viene ese **comentario**; ¿Qué tiene que ver eso con lo que le paso a la niña?*

—Tiene que ver mucho, porque ahora mi amiga después de morir su abuela y que el papá se fuera de la casa, mi compañera, con su prima de 10 años intentaron hacer algo para hablar con su abuela que está en el cielo, pero creo que las cosas les salieron mal.

—Y ¿De dónde sacaron toda la información para llegar a tal locura?

— Del internet tío; ahí se consigue todo lo que busques; es más otros compañeros del salón se han metido en ciertas páginas y en horas de recreo comentan, lo fácil que es hacer amas caseras.

— ¡Qué cosa más loca Dios mío! ¡En qué mundo estamos viviendo!

—En el mundo donde hasta los niños como yo; sino es en la casa, es en la calle, que descubrimos lo que saben los adultos.

— ¡Esto tiene que saberlo tu mamá, para que hable con la directora!

Espere que llegara mi hermana y se lo dije todo; esta se molestó mucho y me dijo que iba a ir a la escuela, para hablar con la directora. Al día siguiente fue y le contó todo lo que había dicho la niña; La directora llamo a la maestra, para que le explicara sobre cómo se comportaba la menor dentro del aula de clase; la maestra contesto que la niña no estaba muy bien a nivel psicológico; ya que era muy rebelde; y a veces distraída; también hablaba a escondidas con otros niños de sexo. Esta situación preocupo mucho a la Directora y enseguida llamaron a las autoridades correspondientes para hacerle un estudio físico y psicológico a la niña, logrando comprobar que esta recibía maltrato psicológico de la madre y *también había sido abusada por quien fuera su padrastro. Buscaron a la madre de la niña y al hombre que había abusado de ella; los dos fueron a la cárcel .El papá biológico no quiso hacerse cargo de la niña y le dieron la guarda y custodia a una tía materna; ¡Nada más y nada menos que a la madre de la niña de 10 años que tenía el internet a sus anchas; consiguiendo todo cuanto fuera posible sin supervisión de **ningún tipo!***

CAPÍTULO VIII: EL DUENDE

*La envidia es uno de los peores males que afecta al ser humano. Hay personas que sienten envidia de otro por su belleza; la manera de vestir, porque el privilegiado creció en una familia teniendo el padre y la madre en el mismo momento; u otros que envidian por no tener un cargo en alguna institución pública o privada. Existen infinidades de forma de envidiar o ser envidiado. Estuve leyendo en internet; que una de las maneras en las cuales el poder de la **Magia negra** causa tanto daño; es por medio del poder de la mente; trayendo consigo pensamientos negativos que a fin de cuenta terminan siendo sentimientos de envidia hacia la otra persona. Algunos expertos dicen, que la envidia, no solo la sufre quien la vive, sino aquella persona que es envidiada. Esta historia que les traigo trata de una mujer que por culpa de la envidia tomo decisiones incorrectas; que la condujeron a intentar destruir a una noble y bonita familia; de la cual, ella jamás había logrado tener. La familia a la que*

me refiero, es la de un amigo, que presencio y vivió los más atroces ataques de un ser que no tenía forma física, y mucho menos humana. Sucedió hace 15 años cuando mi amigo Lisandro tenía 15 años; una mujer que iba muchas veces a su casa de visita; **era la ex cuñada de la madre** *de Lisandro; mi amigo, en aquel entonces la mujer estaba soltera; luego que se divorciara del tio de Lisandro. Esta mujer; a quien llamare* **Fenicia**; *observaba como compartían la familia de Lisandro y se reían de los gratos momentos que pasaban, esta situación de cierta forma le causaba mucha rabia a la mujer, que lo único que quería* **era** *tener una familia igual de linda que la que siempre ha tenido su ex cuñada. Fenicia dejo de ir a la casa de la familia de Lisandro. Luego que la señora se alejara; cuenta Lisandro que cosas extrañas comenzaron a suceder; a las afueras de la casa. En el jardín del hogar de Lisandro había una planta de helecho; como de unos treinta centímetros de alto. Lisandro cuenta que una vez; como las 9 de la noche, vio, ocultarse entre las ramas de la* **planta**, *una persona muy pequeña,* **pero** *como fue demasiado rápido, no pudo definir a ciencia cierta que era. Mucho tiempo después la volvió a ver y esta vez, si se había dejado visualizar la cara y evidentemente ¡se veía como una figura horrible! A lo que se le llama duende. Cuando lo observo,* **quiso** *comentárselo a unos primos que vivían en otro Estado; a unas 11 se horas de donde él vivía, cuando lo hizo, sus primos lo señalaron de tonto, diciéndole:* **¡Muchacho bobo; creyendo en cosas que son fantasías!** *A pesar de los que no creían; fue evidente que estaba allí; a la espera de causar zozobra entre aquellos que vivían en el vecindario. Mi amigo no tenía otra opción; más que quedarse callado y no decir nada a sus padres, por temor a ser señalado como loco; por el hecho de ser* **"aparentemente"** *el único en ver al Duende. Le pedía a Dios todos los días que alejara a ese ser maligno de la casa.*

No soy persona de creer en duendes, no obstante mi amigo Lisandro no ha sido la única persona, que he sabido; ha logrado presenciar dichos seres de mal presagio.

El día que se enfermó la abuela de Lisandro

*Dios escucho las oraciones de Lisandro. Un día su padre lo llama diciéndole, tanto a él; como a una hermana, a la que le decían cariñosamente "la morocha" que llegarían tarde; porque su abuela paterna estaba delicada de salud; así que le dijeron a los más grandes de la casa que hicieran unas arepas para la cena. Eran las 9 de la noche, llovía intensamente. Ese día estaba en casa; con la morocha; su hermano menor de 13 años y una prima que estaba de visita; la cual tenía 15 años de edad. De repente su hermano menor, se asoma a la ventana y dice: —Muchachos ¡Miren! ¡Hay una persona en la reja; desnudo, viendo para acá! Parece ser un hombre **enano**.*

*En eso, se van y observan los demás, entre ellos, **Lisandro** observan desde la ventana y se dan cuenta que resulto ser verdad y responden: —¡Si es cierto lo que dice **Orlando**! Sigue mirando hacia nosotros.*

Lisandro se puso feliz y dijo— entonces ¿Yo no soy el único que lo está viendo? ¿Ustedes también? Gracias Dios mío; ahora ya hay más testigos que confirmen lo que todo este tiempo he estado observando; y por temor a que me señalaran de loco, no había dicho nada.

*De un momento a otro se desapareció el Duende. Cuando llegaron sus padres le contaron lo que había sucedido. El padre de Lisandro le pregunta ¿Dónde fue que lo vieron? Los muchachos le respondieron —En la reja viendo para la casa. Y ¿Dónde más? En ese instante respondió Lisandro quien lo había visto en otras oportunidades; diciendo — Yo lo vi ocultarse varias veces en la mata de helecho. La reacción de incomodidad de la madre de Lisandro fue inmediata, diciendo — ¡Te lo dije **Bartolo**! ¡Que no debíamos confiar en esa mujer! ¡Ella cree que nosotros no sabemos que es una bruja! ¡Ese fue el helecho que esa malvada nos regaló! ¡Saquemos esa mata de raíz ya! Vamos a lanzarla a la corriente, para que se la lleve el aguacero que está avanzando al otro lado de la calle.*

*Así hicieron salieron de la casa; prendieron el carro y arrancaron la planta de helecho que les había regalado la señora **Fenicia** y la lanzaron* *a una corriente de agua que había en la calle en un lugar muy distante de la casa, mientras lo hacían, insultaban, y regañaban al duende, que se ocultaba mágicamente en la planta de helecho. A partir de ese momento todo quedo en total normalidad; no volviendo a revelarse ese ser de mal augurio a la casa.*

Una adivinadora llega a la casa de Lisandro, despejando dudas

Bartolo llevo a la casa a una adivinadora para estar claros de lo que había sucedido y esta le dijo — ustedes tenían entre su familia a una mujer que por un tiempo fue cuñada de su esposa ¿Cierto?

—Sí. — respondió el señor Bartolo.

—Esa mujer sentía mucha envidia, por no tener una familia tan bonita como lo demuestran ustedes y lanzo un hechizo sobre una planta, que venía encantada; tenía un duende que se dignaba a salir a ciertas horas de la noche. Además de eso, no solo a ustedes, les llego aparecer, sino también a algunos de sus vecinos; si quieren comprobarlo vayan a las casas, de los vecinos más cercanos, para que lo comprueben. La otra cosa que es necesario que sepan, es que esa mujer ya no les hará más daño, creando otros futuros encantamientos en su contra; puesto que es evangélica.

El señor Bartolo, un día después, hizo lo que la mujer le dijo, se dirigió a la casa de los vecinos más cercanos. Y resulto ser cierto lo que la adivinadora le había dicho. Fueron dos familias más, las que sufrían el asedio del duende, donde se evidencio:

En la primera familia, que había acudido el señor Bartolo, la persona que estaban siendo afectadas, fue una **Trinitaria le decían así porque había emigrado de TRINIDAD Y TOBAGO esta señora** *se desempeñaba como costurera. La mujer dijo que el duende se colocaba en la espalda de ella, inmovilizándola; según con el fin de quitarle energía.*

Bartolo se dirigió a la segunda casa, donde le dijeron los padres de una niña de 10 años, fue abusada, por el duende en unas 3 ocasiones, en la cual la horrible criatura tenía actos lascivos hacia la menor; tocándole sus partes íntimas, principalmente su vagina.

*Luego todo llego a la normalidad ya no hubo más asedio de aquel duende. Aunque, una cosa que me dejo pensativo sobre esta historia: Si una persona ha hecho el mal a otro y luego se arrepiente con Dios, ¿Por qué razón no lleva a cabo su arrepentimiento también hacia la persona a quien le hizo el daño? Es una pregunta que siempre me hago con este tipo de personas, como **fenicia. Si eres de las personas que haces daño a otros y no buscas remediar el daño tu arrepentimiento con Dios, es a medias.***

CAPITULO IX: EL LIBRO MÁGICO

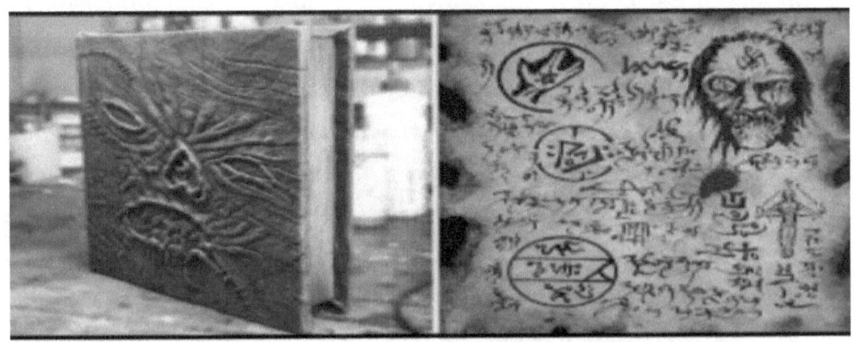

Me llamo Anderson. Tengo 34 años. Somos dos hermanos; de parte de padre y madre. Mi papá tuvo 9 hijos con diferentes mujeres; él no fue el padre ejemplar que todo niño desea; ya que no se comportó a la altura. Por estar pendiente de mujeres y parrandas.

Esta historia, que no es mi historia, trata sobre mi padre; que en sus tiempos de mozo, llevaba una vida de aventurero, de mujer en mujer, sin importarle el dolor ajeno; con tal de llevar a cabo su cometido. Invocó los espíritus más oscuros; que le pudieran cumplir sus deseos carnales, sin preocuparle las consecuencias.

Todo comenzó antes de que yo naciera, sin embargo como no sé qué sucedió antes, daré comienzo a esta historia, cuando yo tan solo era un niño.

*Comenzó en 1994; recuerdo el año porque en ese tiempo se celebraba el mundial de fútbol USA 94 .Yo tenía tan solo 8 años. Estaba jugando con mis amigos de la cuadra, pelota de goma, un estilo de béisbol callejero. De repente llegó mi papá en su **Jeep** anaranjado .El solía colocar atrás de su auto un remolque, al que le llamaba (la zorra).*

Tuvimos que dejar de jugar, porque el carro nos obstaculizaba la calle; para seguir con el partido. Mi papá entro a la casa, se metió al cuarto de mi madre y así tener una siesta. Me subí en el remolque y observé que había una caja; que contenía unas tripas de animal disecadas; ocultadas con un saco, a mí me pareció todo aquello extraño, decidí decirle a mi mamá, a fin de saber que podría ser; ya que mi papá estaba **dormido***. Ella como toda la vida ha sido católica lo observo y dijo* **"María purísima"** *yo al ver la reacción de mi madre; me puse nervioso; dándome cuenta que lo que estaba en el remolque no era nada bueno. Entramos a la casa con la intención de esperar que mi padre se levantara, en ese entonces mi hermano mayor no vivía con nosotros, sino con mi abuela en otro Estado.*

Media hora después de haber visto todo, mi papá se levantó; en ese momento mi madre comenzó a interrogarlo:

—Henry ¿Para qué son esas tripas que tienes en el remolque?

Mi papá estaba muy nervioso y no sabía que responder, se quedaba pegado como un cd viejo, evadiendo la pregunta.

—Bu, bu, bu; bueno eso no sé qué es. ¿Ya está lista la comida? tengo hambre.

—No entiendo ¿cómo que no sabes? Si tú lo trajiste. —le dijo mi madre.

—¡Ya me acordé! eso me lo dio un primo, para que lo botara y se me olvido.

Mi mamá como no le creyó el cuento, mi papá no esperó la comida, e hizo lo que toda su vida hacía, prendió su auto y se marchó.

Mi papá nunca fue responsable con nosotros, cada vez que llegaba lo único que llevaba era un litro de leche, lamida previamente por él y como 10 panes con sabor a coco; eso era cada 2 semanas; cuando se acordaba que tenía familia al otro lado de la ciudad, aun cuando vivía a 100 kilómetros de la casa de mi mamá, a la de su madre, que era mi otra abuela.

Ese mismo año; otro acontecimiento extraño sucedió. En el hogar donde mi padre vivía con su madre; fue con un hermano de mi mamá que se dedicaba a la albañilería, iba a hacer unas reparaciones en la casa de mi abuela paterna, en uno de los baños. Al entrar al lugar; mi tío; se percató que había en un rincón un altar con velas negras encendidas y unos símbolos extraños, al lado de una figura tenebrosa que se veía en un afiche, del tamaño de una hoja tipo carta. Mi tío se sorprendió, sabía que aquello no era nada bueno. Terminó de realizar el trabajo y no volvió más para aquel lugar. Le contó a mi madre lo sucedido y ella no le creyó.

Fueron pasando los años; mi padre me llevo un día de paseo, a conocer, según él, a una señora que era su amiga. Llegamos al lugar, entramos a la casa. Recuerdo que la señora era rubia ojos verdes y alta; muy hermosa. Tenía dos niños. Me dejaron en la sala, viendo la televisión con ellos .Mientras que mi padre y la señora se metían en un cuarto a hablar "según él" .Duraron 30minutos aproximadamente, encerrados en la habitación. Después de salir, nos fuimos de inmediato de del lugar. Llegamos a mi casa, mi papá me dejó con mi madre y se marchó. No voy a negar que la mujer fuera más hermosa que mi madre. Tampoco negaré que para aquel entonces no me sentía con la valentía suficiente, ni mucho menos tenía la madurez de ser leal a favor de mi mamá, diciendo lo que había visto, Dios sabe porque pasan las cosas. A mi madre le llegaban muchos comentarios de mí padre, diciéndole lo que hacía a su espalda, sin embargo ella no les creía, mi abuela; cuando llegaba de su pueblo a visitarla, le decía: ¡Hija por favor deje a ese hombre, porque no sirve! ¡Ese hombre "Pa" quererlo hay que parirlo! Con palabras del campo, fuertes y precisas; mi madre no hacía caso; fue tanta la presión que mi mamá tenia, que terminaba yendo a los brujos y estos luego de leerle el tabaco le decían "Señora usted tiene una venda en los ojos" "deje a ese hombre " .Brujo que se le ocurriera decir; esa calumnia hacia mi padre, unido a la palabra dejarlo: "Mi madre prescindía de sus servicios" ya mi mamá no le iba a pedir que le leyera las cartas, o le fumara el tabaco. Mi madre lo que quería que le dijeran era ¡Te están acosando a la criatura (A su hombre)! ¡Mantenlo aislado!

Y mi mamá inocente, "Creo yo" decía: ¡Hágalo pues! ¡Proceda!

*Ya todo eso me estaba empezando a **colmar** la paciencia, así que un día no me aguante y se lo dije; ella inmediatamente se sorprendió diciendo ¡No puede ser! ¡Ese hombre me está engañando! ¡Voy a dejarlo! Después me dije en mis pensamientos ¡Gloria a Dios! Pude más que los brujos, los* *chamanes y toda esa cantidad de espiritistas; porque desde aquella vez mi madre más nunca fue tan agradable con mi padre.*

Se descubre la verdad; sobre la existencia de un libro de hechicería

Comenzaba el año 2008, me encontraba estudiando en la universidad; en ese año recibo la propuesta para trabajar en una contrata de mantenimiento, logrando conocer diferentes personas, entre ellas una tía, hermana de mi padre, que nunca había visto; llamada Soledad y otra señora de avanzada edad, llamada Esperanza; la cual me permitió llegar a la verdad definitiva, sobre la forma en que mi padre lograba encantar, a un gran número de mujeres. Era un día como todos los demás, limpiando de un lado; para el otro; a mí me correspondía lavar los baños ¡Cómo me desagradaba hacerlo! Mientras que a los demás les correspondía limpiar los pasillos y jardines, Cuando llegó la hora de descanso, comenzamos hablar de nuestras familias, de lo bien o lo mal que nos habían tratado, en eso tomé la palabra para referirme de como mi padre se portó con mi mamá y lo irresponsable que había sido tanto conmigo, como con mi hermano. También sobre las tripas disecadas y el altar de magia negra, que estaba en uno de los baños de la casa, de la madre de mi papá. Una vez que terminé de hablar; la señora Esperanza dijo:

—No me gusta hacer comentarios malos; de las personas, cuando no están presentes, sin embargo te voy a contar algo; que no le había contado ¡A nadie! Sobre tu padre ¡Así, que mucho cuidado con hablar de ese tema *con personas que no debes! Te lo voy a decir aprovechando que la hermana de tu padre no está en este momento; porque si estuviera, estoy segura que no le gustaría que hablaran mal de su hermano.*

Le respondí —Tranquila señora Esperanza, mi boca es una tumba, tenga la plena seguridad, que lo que se hable aquí, de mi parte no va a salir. En el lugar había otras personas, que también dijeron lo mismo. Después prosiguió con la información.

*—Esto paso hace mucho tiempo, mi hermano Hilario estaba en la calle conversando con unos amigos, tomándose unas cervezas, entre ellos estaba tu padre. De repente pasó una mujer muy atractiva, según cuenta mi hermano, me la describió; diciendo que era de piel blanca, como de un metro setenta de alto, cabello negro y de ojos marrones, llevaba puesto un vestido blanco con pepitas negras que mostraba sus lindas piernas; los hombres al ver **a** aquella hermosa mujer, dijeron ¡Que Bella es esa hembra! En eso Henry la observa y dice — Yo si quisiera la **conquistaría**; es más les digo una cosa, puedo **adivinar de forma asertiva** que color de pantaletas (ropa interior) lleva.*

—Mentira; no te creo. Le dijo uno de los muchachos.

—En eso; otro le dice pruébalo pues; ¿Si es verdad?

—Tu papá muy confiado de sí mismo; les respondió enseguida.

—Lleva puesta una ropa interior color negra; ya lo van a ver.

—Miro fijamente a la mujer, e hizo que se le subiera el vestido, como si un hombre invisible hubiese pasado cerca de donde estaba ella, para hacerle ese acto vergonzoso. Lográndose comprobar que la desconocida mujer llevaba ropa interior del color que él había dicho.

Todos se sorprendieron y comenzaron a decir— ¡Como lo hiciste, eres un mago acaso!

*Él los miraba y lo que hacía era reírse al ver la impresión de mi hermano y de los otros, que compartían con ellos en **la licorería**.*

Ese día mi hermano llego con una algarabía; sorprendido de tener un amigo mago; diciendo —¡Qué bien! ¡Tengo un amigo mago! No paraba de decir lo mismo, estaba muy confundida de la reacción de mi hermano;

le reste importancia. Al rato llego y me dijo — ¡Mañana voy a traer un libro mágico que te va a impresionar! le respondí— okey Hilario mañana lo vemos los dos; para saber de qué se trata.

Al siguiente día mi hermano se apareció con el libro; me lo paso por la ventana de uno de los cuartos de la casa, y me dijo— ¡Agarra ahí hermana; que no se dé cuenta mi mamá! Agarre el libro; era negro; del tamaño de una biblia; pero claro; no precisamente una biblia .Espere que entrara al cuarto, en ese espacio no dormía nadie; mi mamá lo disponía para guardar cosas que ya no usábamos, y para prenderle la vela a los santos; ya que era católica; creía mucho en las vírgenes y en nuestro señor Jesucristo. Y "Digo era," porque murió hace 7 años. Ella tenía un altar en el cuarto; al que le prendía todas las mañanas velas "A sus santos" como ella decía. Mi hermano entro y me dijo —dame el libro; vamos a revisarlo. Nos sentamos en un mueble grande y comenzamos a ver. De repente, mi hermano levanta la mirada hacia la cortina que estaba colocada en el marco de la puerta; claro, como ese cuarto no tenía puerta Hilario me dice —Hermana cierra bien la cortina, para que mi mamá no se dé cuenta de lo que vamos a ver.

Me levante del mueble e hice lo que me pidió. Comenzamos a revisar el libro en el primer capítulo hablaba de la magia blanca; trataba de los santos vírgenes y creencias muy parecida a la católica .El segundo capítulo hablaba de la magia Rosada o (rosa) eran encantamientos de amor .No le hicimos mucho caso y pasamos las paginas, hasta llegar al capítulo 3 ¡Magia negra! Comenzamos a leer el capítulo y nos llamó mucho más la atención; ya que salían peticiones muy tenebrosas, como destruir a tus enemigos; poseer la mujer de otro... No teníamos ni un minuto de estar revisando ese capítulo, cuando de repente ¡Sin hacer brisa! Un extraño aire estruendoso, entro al cuarto en forma de remolino de aire, apago las velas del altar y como de un puñetazo le dio un golpe al libro y lo lanzo al piso; cayendo justo en la puerta. El sonido que se genero fue tan fuerte que mi mamá desde la cocina que queda a 10 metros de distancia del cuarto, lo pudo escuchar y enseguida se acercó, vio el libro en el piso, las velas del altar apagadas y dijo —¡Muchachos del carrizo! ¿Qué es lo que lo que ustedes están haciendo?

No teníamos más nada que decir, sino la verdad, yo le respondí —estábamos viendo un libro de magia mamá.

Ella se puso histérica y dijo— ¡Es que yo hablo en chino acaso! ¡Yo no les he dicho a ustedes que esas cosas no le agradan a Dios!

¡Me había orinado en el mueble!

Mi hermano no decía una palabra hasta que mi mamá dijo — Este libro es tan negativo; que hasta libera malos olores.

En ese momento mi hermano contesto —No mamá...Discúlpeme, ese soy yo... quede tan asustado que me hice en los pantalones ¡Con permiso!

Se levantó y enseguida se fue para el baño. Yo, como me había orinado, me fui a mi cuarto a cambiarme. Después de haberme vestido nuevamente espere a Hilario para preguntarle quien le había dado el libro. Cuando salió, me dijo: —Ese libro es... ¡De Henry! Ese mismo día le entrego el libro y a partir de ese momento se distancio su amistad con tu padre.

*Al día siguiente, recordando lo que nos había sucedido, Hilario llego y dijo riendo —Que broma nos pasó ayer hermana... ¡Tú te imaginas que nos hubiésemos puesto a leer ese libro en una iglesia; en presencia de una misa! Y que nos pasara lo que nos pasó aquí ¡Tú orinada y yo **cagado (defecado)**! De paso, el cura estaría acompañado con un poco de locos para ¡Atarnos y sacarnos los demonios! Sería el colmo.*

—Bueno Anderson ahí termina la historia ¿Qué te pareció?

—Lo que me parece de la historia es que es para cagarse (DEFECAR)... De la risa.

Nos levantamos, luego de reírnos un buen rato, con el final de la historia y nos fuimos a nuestras respectivas casas.

Al llegar a mi hogar, le conté todo a mi mamá y esta me dijo — Anderson ya hace muchos años que me quite la venda, que tenía en los ojos .Ese papá tuyo, la vida le va a cobrar todo lo malo que hizo.

En el año 2019 me entere que mi papá era evangélico y también que había quedado mal de la mente, a tal punto de perderse si salía solo a la

*Calle. La reflexión que hago sobre esta historia es que: lo malo, a Dios no le agrada. Las cosas negativas te dan una satisfacción pasajera, luego ya no te acompañan te sientes vacío y solo. No uses la hechicería, la brujería o cualquier otra forma para invocar lo negativo; porque al final vivirás en la ruina y la miseria. Para aquellos que realizan sus sesiones de espiritismo, le respeto sus creencias...pero no las comparto. Cada quien sabe lo **que le toca.***

CAPITULO X: EL LLAMADO AL VIGILANTE

En esta historia me presentare por mi nombre original, puesto que uno de mis compañeros, de aquel entonces, que trabajaba conmigo de vigilante, en una Universidad, un ser extraño lo llamaba por su nombre y como en esta ocasión diré su nombre, "valga la redundancia" para darle más realidad, a este relato; no sería justo de mi parte, el decir solo el nombre de él y no el mío. Me llamo **Wilber***, el protagonista principal de este libro. La historia que a continuación relatare, sucedió en el año 2009, mientras trabajaba en una universidad en el horario nocturno. Para aquel entonces estaba con uno de mis compañeros llamado Elvis; éramos tres; los que esa noche hacíamos guardia, el otro vigilante llamado Darwin estaba dentro de un puesto de vigilancia, ubicado en una de las entradas de las instalaciones específicamente; la parte trasera, mientras que nosotros vigilábamos en un sitio que se le llamaba* **terminal***, en el cual permanecían los estudiantes, al momento de esperar los autobuses, que los llevarían a sus destinos; luego de su salida de clases. En el terminal se encontraban unos bancos y pupitres; donde nos sentamos él y yo; estábamos a una distancia de cincuenta metros aproximadamente, desde el otro extremo donde estaba la casilla de vigilancia. Elvis sujetaba en sus manos un periódico, que presumíamos fue olvidado por algún estudiante. Mientras hablábamos sobre las cosas que hubiésemos querido hacer; si tuviéramos suficiente dinero para ello, pasaban los minutos ; llevábamos dos horas sentados en el lugar y cuando el reloj marco las 2 de la madrugada, comenzamos a escuchar al otro lado de la calle un* **grito aterrador** *que se expandía de un extremo de la carretera, no le prestamos atención, creyendo por un momento que era una camioneta de cabina, con un chistoso pretendiendo asustar a los vigilantes de la universidad, eso* **quisimos** *creer, seguimos hablando de cualquier tema, que nos permitiera pensar que las horas transcurrieran más rápido; hasta que se hicieron las 3 de la mañana,* *esta fue la hora más temible durante toda la noche; desde mi apreciación. Una voz de mujer desde la casilla de vigilancia hacia varios llamados a mi compañero diciendo: ¡ELVIS! ¡ELVIS! ¡ELVIS! El escucho antes que yo lo hiciera y me dijo —¿Escuchas? ¡Me parece que me están llamando! Yo respondí un poco sorprendido; diciendo— ¡Es verdad! ¡Te están llamando! Y no es Darwin; ¡Porque la voz se escucha, como si fuera de una mujer! Enseguida Elvis respondió — Esto ya... me está asustando.*

*Y mientras tanto la voz de mujer, lo seguía llamando incansablemente y de un momento a otro salió de la casilla de vigilancia un perro que se llamaba **Peluchin** que andaba para arriba y para abajo con Darwin, nuestro supervisor. Aquel perro también había escuchado el llamado de la presencia extraña, la cual parecía estar flotando encima de la casilla. **Peluchin**; mientras ladraba tenía su mirada puesta hacia el cielo; a su vez daba la vuelta en aquel punto de vigilancia.*

Elvis se desesperó tanto, que me dijo— ¡Vamos chico! ¡No hay poder más fuerte que el de Dios!... ¡Y él es nuestro fiel protector!

Nos acercamos a la casilla de vigilancia y como cosa extraña la voz desapareció.

Le preguntamos a nuestro supervisor que permanecía dentro del puesto de vigilancia; si había escuchado algún ruido y nos dijo que no, en ningún momento había escuchado algo. Esa fue mi segunda vez que presencie un evento sobrenatural, no me quiero ni imaginar si hubiese nacido con el don de ver a esos espíritus, como otros lo hacen; ¡Hay que llenarse de valor para no volverse loco, presenciando este tipo de situaciones!

Casilla de vigilancia, donde se produjo el evento sobrenatural, presentada desde 2 ángulos; desde la posición de adentro, donde estaba con mi ex compañero *Elvis y hasta la parte de afuera, en el cual les muestro el punto de vigilancia, mucho más cerca.*

CAPITULO XI LA OUIJA

*Este libro me pareció que no sería suficientemente extraordinario; si no hubiese reservado un capitulo especialmente para EL JUEGO DE LA OUIJA; aunque a mi parecer, de juego no tiene nada, por las cosas tan horribles, que le han sucedido, a muchos que la han utilizado; como este texto lo realice principalmente para que el lector tenga consciencia de las acciones que a futuro vaya a realizar, si estas tuvieran que ver con hechos sobrenaturales, no estaría demás preverlos de este juego con una anécdota, que hace muchos años logre ver por televisión; contada por una de las víctimas , que había sobrevivido. Era sobre 4 chicos, que los atrapo la curiosidad; de conocer su futuro; así como también si realmente era verdad que existen otros portales, donde permanecen espíritus. Lo que no sabían estos adolescentes, fue que cuando se abre un portal del más allá, e invocas espíritus, sin saber que seres vas a invocar... Ya no hay vuelta atrás. Porque algunos espíritus son más malvados y fuertes que otros; ya que todos no son iguales; si ellos lo hubiesen sabido, jamás se les **hubiese** ocurrido, siquiera pensar en experimentar, este juego, <<Que no debería tomarse como un juego>>, porque no lo es; simplemente se debería llamar <<la Ouija>>.*

Para contar el desenlace fatal de las chicas; quiero hacer un resumen de lo que es la Ouija; POR MEDIO DE UNA INFORMACION SUSTRAIDA DE UNA PAGINA WEB LLAMADA EL ESPAÑOL, QUE ME TOME EL TRABAJO DE ESQUEMATIZAR Y

SIMPLIFLICAR EL ESCRITO, PARA UN MEJOR Y FACIL ENTENDIMIENTO, HACIA MIS LECTORES. DARE UN BREVE RESUMEN, SOBRE ¿QUIEN LA CREO?, ¿QUE ES LA OUIJA? Y ¿POR QUÉ FUE CREADA?

¿Quién creo la Ouija?

A mediados del siglo XIX, el francés M Planchéate ya había diseñado el primer modelo reconocible, un tablero con un puntero al que se le aplicaba un lápiz, que escribía las respuestas, al deslizarse.

Así, que no es de extrañar; que en la tierra del derecho de patentes, alabado por **Lincoln,** *apareciera un emprendedor que inmediatamente vio la oportunidad de negocio. Elija bond, era un veterano de la guerra, donde lucho con los confederados. Había nacido en 1947 en Maryland, era masón, y el 28 de mayo de 1890, presento la primera patente, de lo que pronto seria universalmente conocido como" la Ouija". En aquellos tiempos era muy común que una persona, tomara o robara la idea de otro, creando una patente del producto, hubo casos de grandes inventores, que le fue robada la idea, por una persona malvada, haciéndose rico el victimario, y la víctima, en este caso el inventor, morían pobres. Sin embargo no se sabe a ciencia cierta, si ELIJA BOND, se valió de la oportunidad, para tomar lo que no era suyo, mejorándolo y patentándolo, o llego a realizar, previas negociaciones "de palabra" con familiares de quien creo... <<YA TENIA UNOS AVANCES DE DICHO INVENTO>>.*

ELIJA BOND,quien patento la Ouija

¿Qué es la Ouija?

*La Ouija consiste en un tablero, en el que aparecen las letras del alfabeto, y un **SI** y un **NO**, algunos incluyen números para agilizar los discursos e incluso un ADIOS, para no alargar las despedidas, ideadas desde un principio, para dos personas, nada impide, que la puedan utilizar varias personas, e incluso una sola persona, los que intervienen, tienen que tocar con el extremo de sus dedos, el puntero, que ante una pregunta, ira deslizándose por el tablero de una letra a otra, hasta elaborar la respuesta.*

Lo que sorprende del patente número 446.054 que Bon registró también en Canadá, es que el artilugio aparece clasificado como un juguete o juego, sin mención alguna de su posible utilidad espiritista. De hecho, mantuvo esa catalogación en las sucesivas versiones comercializadas por la INTERNATIONAL NOVELTY COMPANY. Bond aun participaría en otras patentes, registradas por él y sus socios, como la de una caldera, pero no se sabe si esta llego a ser comercializada alguna vez.

La guija fue registrada y clasificada como un juguete o juego, sin mención alguna a su posible utilidad espiritista.

¿PORQUE FUE CREADA LA OUIJA?

*La segunda mitad del siglo XIX, fue la época dorada de las artes ocultas. Entre las clases adineradas y quienes marcaban la moda, se introdujeron las practicas espiritistas y las mesillas **que se** convertirían rápidamente en medios de invocar a los difuntos y abrir portales con el más allá. Los medios eran variados y entre los más habituales se encontraban" **las tablas parlante**" que permitían la fácil comunicación con los espíritus. la principales razones por las cuales fue creada la ouija 1) porque era lo que estaba de moda y 2) la incesante curiosidad del ser humano, en descubrir, conocer lo que es nuevo, lo que es desconocido o lo que causa impresión en el mundo, puesto que es nuestra naturaleza.*

Comenzando con la historia

Hace muchos años, cuatro jóvenes residentes de algún lugar de los Estados Unidos , de ascendencia latina, decidieron comprar el juego de la OUIJA, para saber qué tan efectiva podría ser, si realmente era cierto que se podían comunicar con espíritus del más allá; recuerdo que en esos años estaba muy de moda el famoso juego; que en este momento la patente le pertenece a la multinacional HASBRO, claro... como "es solo un juego" ellos pensaron, que nada malo podía hacerle, porque por los general; un juego, nos permite entretenernos y hacernos pasar el momento agradable. Mientras entrevistaban a unos de las chicos; sobre su experiencia, con respecto a la tabla de juego, estaba muy nerviosa; por el trauma causado de los espíritus, que la habían atormentado durante las noches, cuando se iba a acostar a dormir, como la historia, sucedió hace muchos años hare una reconstrucción, en relación a la entrevista que se llevó a cabo en aquel momento, resaltando solo la información que causo más impacto en mí, para considerarlo como relevante en este relato. Esto fue lo que he logrado recordar, en aquel momento, de aquella entrevista.

—¿Qué los llevo a comprar el JUEGO?

—la curiosidad de saber que nos deparaba el futuro y también que tan cierto podía ser el juego de invocar los espíritus

—Y ¿Dónde se reunieron después de comprarlo?

Nos reunimos en la casa de una de mis amigas, como a las 10 de la noche.

—Quienes se reunieron

—Éramos tres chicas, más un amigo

— ¿Qué fue lo que hicieron para invocar a los espíritus?

— Colocamos las manos sobre el puntero, invocando espíritus al azar, comenzamos a decir, hay alguien al otro lado, que se pueda comunicar con nosotros. Estábamos alrededor de la tabla, de repente las luces comenzaron a titilar, el puntero se movió, dirigiéndose al extremo que decía sí, lo más escalofriante de todo fue que nosotros no lo movíamos, el puntero se movía solo. Le preguntamos a la presencia extraña, si era mujer u hombre. El espíritu respondió, deslizándose, a cada letra del abecedario, para dar su respuesta, anunciando que era hombre. Le preguntamos cómo había muerto y esta escribió que fue asesinada.

Ya me estaba sintiendo muy asustada, no quería seguir, pero mis amigos comenzaron a realizar más y más preguntas. ¿Algún familiar de los que estamos aquí presente morirá pronto? Comenzó a moverse el puntero, colocando, SI, y después especificando quien se iba morir. Hasta nos dijo el día el mes y la hora. También nos dijo sobre un accidente de tránsito, que uno de los que estábamos en aquel lugar iba tener en el cual el afectado quedaría en un estado complicado de salud. Después, cerramos la sesión espiritista y a los días comenzaron a suceder cosas horribles. Mis amigas y yo, no sabíamos que pensar, y Daniel, el único hombre que estuvo en la sesión, decía, que aquello era pura mentira, esa Ouija tendría algún truco oculto, que nosotros no sabíamos, mis amigas y yo, no pensábamos lo mismo, creíamos que todo lo sucedido era verdad y que habíamos cometido un gran error, en invocar a los espíritus, sin estar seguras de las consecuencias.

—¿Qué fue lo que sucedió después?

*—Cuando cada uno de nosotros se marchó a sus respectivas casas, al día siguiente; claro con la excepción de Mariol, quien habitaba el lugar, comenzaron a suceder cosas feas; en la casa donde estábamos jugando la Ouija; específicamente en la sala... estaba completamente desordenada , con una nota, que parecía estar hecha con sangre, con unas letras horribles, **que decía vas a morir Mariol**, con el tiempo quedo completamente loca, la tuvieron que llevar a un manicomio, siempre cuando iba a salir, decía que había alguien que la estaba siguiendo para matarla. Clarisa otra de las que estaba en el juego **demoniaco**, siendo tan joven y a pesar de ser una de las que más se cuidaba en lo que tiene que ver con su alimentación, incluso hacia ejercicios, hasta tres veces por semana.*

— ¿Qué le sucedió a clarisa?

—Le dio cáncer... y falleció exactamente el mismo día, el mismo mes y a la misma hora; que aquel espíritu extraño había anunciado.

— ¿Qué le sucedió a Daniel?

—Daniel tuvo un accidente; en el que casi pierde la vida en el hecho, lo trasladaron de inmediato al hospital, sin embargo, estuvo en coma, por una semana, hasta que falleció.

— ¿Tu sufriste asedio también?

—Sí, veía sombras, prendían y apagaban la luz de mi cuarto, escuchaba voces que me decían ¡No vas a tener paz! No sabía qué hacer, comencé a ir a la iglesia católica, todos los días, y le suplique a Dios de rodillas que me alejara del demonio que me estaba atormentando, yo a cambio iba a ser capaz de cumplir alguna penitencia, si fuera necesario ¡Estaba muy desesperada! Luego de una semana y media, de ir todas las tardes a visitar la casa de Dios, aquel espíritu maligno no me siguió molestando. Ya ha pasado un año de aquel suceso y desde esa vez, no he dejado de ir los domingos a la misa, he estado orando por mi amiga

Mariol, para que se sane por completo de lo que tiene, pero todo va depender de ella.

*La reflexión que puedo darles sobre esta historia, es: que si quisieran jugar la Ouija; deben hacerlo, con un **"espiritista que conozca completamente la ciencias ocultas"** ya que ellos son las únicas personas que realmente están capacitadas, para cuidarse de los inconvenientes o peligros que se presenten con la tabla mágica. "Aunque sigo opinando, que no debería tomarse como un juego".*

He realizado mis investigaciones, sobre este tema, donde pude descubrir que solo los espiritistas, saben las formas para invocar los espíritus y no salir atormentado por ellos, porque tienen el conocimiento previo, sobre que espíritu deberían invocar, para no tener inconvenientes futuros. Otra cosa que me gustaría que sepan; aquellos que le llame la atención este capítulo, es sobre una historia que le sucedió a un amigo para que ustedes reflexionen un poco más sobre este tema.

*Esto le sucedió a **Ramón**, que acostumbraba a serle infiel a su esposa y compañera de vida por muchos años, un día cuando él decide dejarla, por una mujer más joven que ella, se enfureció tanto la mujer que tomo un cuchillo, con la intención de cortarle la garganta, una noche, mientras él dormía, por suerte; para mi amigo; uno de sus hijos estaba despierto y logro despojarla del arma blanca que tenía en sus manos. Pero el problema no termino ahí; sino que tuvieron que amarrarla, ya que tenía la fuerza de diez hombres; lo que había sucedido, era que cuando descubrió la infidelidad de mi amigo, se llenó de tanto odio, que se le metieron unos espíritus en su cuerpo; uno tras otro; es decir; salía un espíritu para que luego entrara otro y comenzaba hablar en un dialecto extraño que algunos cristianos le dicen "lengua" al día siguiente la desataron, una vez que volvió a la normalidad; no obstante como aun sentía mucho odio, por lo que había hecho mi amigo; se volvió a transportar, tomando al esposo infiel, por el cuello ¡Con una sola mano; esta vez tuvieron que llamar a un pastor evangélico con el único fin que le sacaran el espíritu que tenía, la mujer cuando volvía a su estado de consciencia, decía a su único hijo:*

¡Reincon ayúdame por favor! De una forma muy susurrada, porque se veía que estaba luchando, con el demonio que tenía dentro de ella. De repente hablaba el demonio diciéndole al hijo; con palabras seductoras: "Pero que hombre tan guapo". Hasta que por fin, el pastor logro sacarle los espíritus que la atormentaban.

Le pregunte a mi amigo porque le sucedía eso a su esposa: me respondió "lo que sucede es que ella tiene materia" le pregunte, que rayos era eso; él me dijo, que la palabra MATERIA, en el campo del espiritismo, significa, que tiene ciertos dones, los cuales le permiten que los espíritus se metan en su cuerpo y esto se debe a que su abuela es espiritista y practica la magia negra.

Cuando me dijo todo eso, termine sacando mis propias conclusiones: en este caso, estamos en presencia de una situación a la que algunos cristianos le llaman <<MALDICIONES GENERACIONALES>> a pesar, que la esposa de mi amigo, se marchó, a unas 10 horas de distancia, de donde vive su abuela, para huir de toda este tormento... la maldición la siguió. A lo que quiero llegar; refiriéndome a esta historia, que quise colocar apropósito, dentro del capítulo de la Ouija, es que, si existen personas que huyen de los demonios, cuando hay una maldición familiar <<de por medio>>

¿Por qué razón, hay personas que buscan los demonios? ¿Será por ignorancia? O ¿simplemente para estar bien con el grupo con quienes se desenvuelven? realmente no se la respuesta, solo les quiero dejar una última reflexión, que escuche de una Boliviana: "Mi madre decía... hija hay dos tipos de personas en la vida, el sabio y el inteligente, el sabio es aquel que aprende de los errores del otro y el inteligente es aquel que aprende de sus propios errores ¡Seamos sabios; mucho más que **inteligentes!**

CAPITULO XII CHOQUE DE RELIGIONES

Antes de dar inicio a mi historia, quiero pedirle al lector, que por favor respete mi decisión, que este relato no sea objeto de burla por las acciones que he tomado, espero que mi experiencia sirva como ejemplo para aquellos hombres, que en cuestiones de gusto y sexo... muchos ponen sus ideales en jaque, a cambio del placer sexual, aquellos hombres y mujeres

que se prestan para tal fin, permítanme informarles que este varón de Dios que relata esta historia, ósea (yo)... no soy así, y en la medida que comiencen a leer, se sorprenderán y se darán cuenta a que me refiero.

*Mi historia comienza justo en enero del año 2020, mucho antes que diera inicio a la cuarentena en mi país, estaba buscando trabajo, ya que en el lugar donde laboraba, una tienda de ropa, ubicada en un centro comercial muy reconocido a nivel nacional llamado Sambil, me vi en la necesidad de renunciar, porque ganaba muy poco, así que opte por buscar trabajo en un súper mercado, que según me habían comentado pagaba muy bien, claro, es obvio, ya que, como muchos saben, Venezuela en la actualidad atraviesa por una crisis económica severa, y las personas lo que primero procuran comprar es el alimento. Lleve mi **currículum de vida** a un supermercado privado, se me hizo mucho más fácil entrar, porque llevaba una carta de recomendación de un amigo, aparte de mis referencias personales. Comencé desempeñándome como cajero, tenía experiencia en el área, debido a que, en una que otra ocasión realizaba dicho oficio en mi trabajo **antiguo.***

Conociendo a la chica prohibida

Llevaba dos semanas trabajando en el súper mercado, un día martes o miércoles; no recuerdo exactamente, estaba como era de costumbre, en mi área, atendiendo a los clientes que se disponían a pagar lo que tenían sobre un carrito o su respectiva cesta; de repente se acerca un compañero y me dice: — EMILIANO... sabes que hice algo que realmente no sé si fue correcto haberlo hecho.

— ¿Qué hiciste? ¿Es que acaso me afecta a mí, que crees, me vaya a molestar? -le pregunte.

—Bueno...no sé si te afecte, depende como lo veas. Si yo fuera tú, te aseguro que no me molestaría para nada. Le di sin consultarte, tu número telefónico, a una chica de más rango que tú, ¡Que esta loquita por conocerte! Si te envía un mensaje ya sabes que fui yo que le di tu número.

—¿Pero esta buena (atractiva)?

—¡Eso... lo que esta es rico! ¡Te va a encantar! Como te envidio.

—No envidies... ni en juego, ya tendrás tu oportunidad.

—bueno... si es verdad, tienes razón. Disculpa.

—Tranquilo mi pana, no pasa nada. — le conteste

Luego de esa pequeña charla, se marchó a su área de trabajo.

A la media hora recibí, el primer mensaje, de la chica misteriosa.

—Hola... ¿Cómo estás?

Le respondí. ¡Hola! ¿Con quién tengo el gusto?

—Voltea a tu derecha y lo sabrás.

Volteé...y cuando me fije detalladamente, era una chica blanca con una estatura un poco alta, delgada y con un trasero espectacular, cuando le vi el uniforme que era distinto al mío, pude darme cuenta... Que era nada más y nada menos que una de las supervisoras del área 2, yo pertenecía al área 4 del supermercado, en el lugar habían como 4 supervisores, uno por cada área, ya que era muy grande. No me llegue a imaginar que podía gustarle a aquella hermosa mujer, claro... por lo general estas mujeres se dejan llevar por los estatus sociales, cosa que en mi criterio es ridículo, sin sentido, cuando una mujer ama a un hombre y viceversa no debe haber distinción social, más que las que se puedan colocar ambos, partiendo de sus principios e ideales. La chica me estaba saludando de forma muy discreta, respondí a su saludo. Me escribió, que en cualquier momento estaríamos hablando, para conocernos mejor. Le respondí, perfecto... así será.

No puedo negar que esa mujer me dejo loco. Cuando llegue a mi casa, que me disponía a dormir... hasta soñé con ella. Comenzamos a escribirnos durante toda esa semana, por whatsApp. El día domingo salimos a comer helados, luego a ver una película, inclusive me invito para que conociera a su hermana. Dos semanas después, ya éramos novios, (en secreto) debido a que según las políticas o normas de la empresa, estaba prohibido mantener una relación íntima dentro de las instalaciones, según porque podría poner en riesgo el progreso y la paz en el área de trabajo. Me invito a la casa de sus padres. Cuando a ella no le tocaba trabajar los sábados, nos *veíamos en la tarde, porque en la mañana; yo iba y sigo yendo a una iglesia cristiana, en la actualidad no muy a menudo, por la pandemia que azota al mundo entero en este momento.*

La primera vez que la visite en la casa de sus padres, observe lo que nunca hubiese preferido haber visto.

Llegue como a las 6 de la tarde, era domingo; estaban su padre y su madre en casa, conversando en familia. Entramos en la sala y dije — buenas tardes — los señores enseguida respondieron.

—Buenas tardes.

Mi novia nos presentó — Papi y mami, le presento a un amigo. Él es un compañero del trabajo.

—Mucho gusto; mi nombre es Emiliano — respondí, me quede un poco dudoso, porque se suponía que ella debía presentarme como su novio, sin embargo le seguí la corriente.

—Mucho gusto, me llamo Rómulo —Contesto el señor

—yo me llamo María, es un placer. — dijo, seguidamente la madre de mi novia.

—Bueno... los dejamos para que hablen, nosotros vamos a la cocina; siéntase como en su casa muchacho — contesto el señor Romulo.

—Gracias por su generosidad. —respondí

Yani, *mi novia, me dice—* **siéntate**

Le pregunte cual había sido el motivo por el cual no me había presentado como su novio, me respondió que no era el momento aún, todo a su tiempo. Respete su decisión, me trague las palabras que en ese instante deseaba decir. Por un momento volteo la mirada a mi izquierda y me doy cuenta que sobre el piso había un altar de **santería**, *inmediatamente cambie la expresión de mi cara, me lleve las manos a la cabeza, confieso que no lo pude disimular, ella lo noto y me dijo — ah... se me había olvidado decirte que estoy en una religión de santería... espero que no sea un obstáculo en nuestra relación.*

De momento no supe que decir, solamente mantuve una actitud un poco diplomática y conteste —tranquila mi reina... que yo creo en Dios... cada quien cree en lo que mejor le parece.

Me miro directamente a los ojos y me dijo — ojala que lo que dices; sea lo que piensas, porque yo no pienso dejar lo que soy ni lo que hago, ni por ti, ni por nadie. Ya que todo lo que tengo y lo que soy, se lo debo a mis ánimas.

Cambiamos de tema, permanecí, como una hora aproximadamente en su casa, para luego despedirme de su familia y de ella posteriormente. Pensaba en el camino, todo lo que me había dicho Yani, mirando al cielo decía ¡DIOS ES QUE ACASO ME ESTAS PONIENDO A PRUEVA! Seguí caminando sin decir una palabra más.

Ignorado y a veces despreciado

*Los supervisores del supermercado, tenían jornadas de trabajo extensas, siendo un poco difícil, para Yani y para mí vernos y hablarnos entre semana, solo por mensajes de texto y por las redes sociales nos comunicábamos. Siendo sincero y sin que me quede nada por dentro quise darme una oportunidad con esa chica ¡Me tenía loquito! ¡Pensaba a cada rato en ella! Un domingo que fui a su casa, me moleste porque sentí que no fui tomado en cuenta por el trato que tuvo hacia mí; cuando le pedí el favor que me pasara un vaso de agua y mientras ella estaba viendo su teléfono desde hacía mucho rato, esas son cosas que en lo personal no me agradan, mi novia debía saberlo más que yo, ya que ella con 24 años de edad y yo con apenas 21 años cumplidos, debía tener más experiencia; no quiero ofender la inteligencia de las mujeres; pero pensaba: ¿Será que es tapada (bruta)? Otras veces le escribía por whatsApp y en algunas ocasiones me dejaba en **visto**, no quiero que parezca que me estoy justificando por lo que hice, pero hizo cosas de las cuales nunca estuve de acuerdo.*

Cuando empieza con el manoseo y las ganas.

El manoseo o como diríamos en Venezuela (metedera de mano) fue lo que hizo, que por poco tuviéramos relaciones sexuales en casa de Yani, con su madre en el cuarto y su padre a punto de llegar. Mientras nos besábamos, ese día mi novia estaba de ánimo tratándome con cariño, sujetando mis manos y llevándolas a sus pechos y cambiándola a sus pompis estaba muy emocionado, ella me decía — no podemos hacer nada, porque en cualquier momento llega mi padre, vamos a quedarnos tranquilos, todo en su debido momento.

Lo malo de ese vamos <<a quedarnos tranquilo>> era que me dejaba más caliente que un sartén de freír empanada, con ese manoseo y con unos chores pegaditos y casi transparentes; que se le veía a leguas la ropa interior específicamente (hilo). Lo único que me faltaba era que se me parara el corazón, porque ya lo otro lo tenía hacia arriba. A veces pienso que lo hacía a propósito, o como que creía que yo era un estúpido. Tuve que pedirle el baño prestado, para idear una forma de llevar a su estado natural, lo que se veía marcado desde el cierre de mi pantalón.

Por lo menos, ya sus padres sabían... que éramos novios, quise encomendarme a Dios, para mantener esa relación, sin salir afectado, pero lo extraño de todo era que siempre pasaba alguna cosa en particular. Sino fue, porque no coincidíamos en la diferencia en el horario de trabajo, era porque alguien estaba cerca, con alto peligro de descubrirnos en pleno acto lujurioso, las últimas veces no pudimos hacer nada, porque ella tenía que repararse una muela. Todo parecía ser muy extraño. En varias ocasiones tuve que llegar a mi casa e ir directo al baño a visitar a Manuela <<Masturbarme>>

EL encuentro sobrenatural

*Fui a visitar a Yani un sábado, estaban sus padres **"como siempre".** Nos sentamos en la sala, al lado del altar, ¡Como era de costumbre! Eran las 7:30 de la noche, estábamos aburridos no teníamos algún tema de conversación en especial, tomo su teléfono y me dijo— sabes... si yo, apago la luz y comienzo a grabar con mi teléfono <<a oscuras, puedo ver a un*

*niño pasar de un extremo a al otro de la sala ¿Quieres que te lo muestre?
>>*

No les voy a mentir me asuste, no obstante logre disimularlo y le pregunte ¿Porque no hacemos otra cosa?

Ella me respondió — ¡Que! ¿Tienes miedo?

No quería quedar como un cobarde en su presencia, así que le dije —no, ¡Para nada! Yo no tengo miedo.

—Entonces vamos hacerlo — respondió.

Apago la luz y con su teléfono inteligente, comenzó a grabar durante unos 6 minutos... mientras lo hacía, me mostraba como pasaba, lo que ella decía que era su espíritu protector. Me lo mostraba mientras grababa y decía — ¿Lo ves?

—No lo veo — le conteste.

—¿En serio, no lo ves? Porque yo si lo veo.

Cuando termino de grabar, adelanto el video al punto donde estaba el espíritu, que según ella, era su ángel guardián, ¡Lo vi! Era como una luz mediana, que se movía de un extremo a otro; ¡Comencé a sudar frio, y para completar me dice — Ya lo viste, ahora me provoca ver una película de terror ¿Qué me dices? ¿La vemos?

Yo estaba en el mueble, casi que se me bajaba la tensión, apreté mis puños para no demostrar que estaba nervioso, ya que me temblaban las manos y ella como si nada hubiese pasado, aceleré mi respuesta, diciendo — no, por la hora, me parece que no es conveniente hacerlo.

Sin embargo, a pesar de que me negué a ver la película, ella la busco y me dijo— no chico, vamos a verla.

Cuando introdujo el disco en el DVD, dije entre mí; "que no se reproduzca Dios mío, que se parta en dos ese DISCO" COMO QUE LA MENTE Y MIS ORACIONES HICIERON EFECTO, PORQUE ¡EL DVD NO SE REPRODUJO! Sentí un fresquito por dentro (un alivio emocional). Ese día me fui a mi casa, deseando llegar lo más rápido posible. Cuando llegue me senté en una silla, a meditar lo que había pasado, rece por un rato, para tratar de olvidar aquello que había visto en ese lugar, luego me dispuse a cenar, una hora después me fui a acostar. Daba vueltas en la cama, de un lado para otro, no podía conciliar sueño, parecía ser imposible; venían a mi mente los recuerdos; una y otra vez. A pesar de tener el cansancio de la jornada de trabajo de la semana que había culminado.

Comenzando a tomar difíciles decisiones...

Comencé a pedirle a DIOS que me alejara de esa familia de santeros, ya que debido a lo que había pasado aquella noche en casa de Yani, no me sentía muy cómodo volver, pero para poderme alejar de ahí tenía que retirarme primero del trabajo. Y el hacer eso implicaba que debía tener un nuevo empleo. ¡Por arte de magia! ¡O arte divina, de nuestro creador! Una amiga comenzó a llamarme, para trabajar en otro súper mercado, que se pensaba hacer la apertura en cualquier momento, le lleve mi currículo de vida y a los días comenzaron a llamarme, me hicieron una entrevista y quede. Tenía semanas sin ir a la casa de mi novia, renuncie al trabajo donde estaba con ella. Transcurrieron dos semanas, Yani me llamaba a mi celular diciéndome, que me pasaba, porque no había ido más a su casa, le respondía, que entre el estudio y el trabajo, se me había hecho muy difícil. Todo lo que le dije era falso ¡Tuve que decirle una mentira piadosa, para que no se fuera a molestar! Ella comenzó a sospechar que le estaba sacando el cuerpo (rechazándola). Conocí a una nueva persona que me gusto, no era tan bonita como Yani, sin embargo me agradaba, era fea... con el respeto a las chicas que no son muy agraciadas, aunque me cautivo su manera de ser, su forma de actuar, de valorarme y de quererme un poco más. A la nueva novia le hable claro, diciéndole que tenía una pareja, ya no la quería y debía cerrar ese ciclo, si estaba dispuesta a esperarme para que ella y yo estuviéramos en una relación de lleno, como es el deber ser. Me respondió, que sí, estaba de acuerdo en esperar el tiempo que fuera necesario. Y mientras aseguraba la sustituta sentimental. La novia de la cual pretendía prescindir, utilizaba sus armas para que callera en sus redes. Comenzó a enviarme fotos atrevidas ¡Muy sensuales! Que cualquier hombre, no lo pensaría dos veces para acostarse con esa mujer; acompañado de escritos subliminares, que despertaban en mi... los más oscuros deseos sexuales hacia ella. En una ocasión me envió imágenes de unos preservativos con escritos que decían "vamos a estrenarlos papito"

Estoy seguro que muchas mujeres me aplaudirán estas decisiones que he tomado. Créanme... que lo que tuve que hacer no fue fácil para mí, porque me encanta una hembra, pero cuando se trata de Dios, soy capaz de verlas como hombres, para que no me afecten en lo más mínimo.

Yani, me pidió para que nos viéramos una vez que le anuncie que quería terminar con ella, me dijo —Pero porque, ¿Acaso hice algo malo? Necesito verte, vamos hablar, ¡No me dejes con esta intriga que me está matando!

Me partió el alma, escucharla llorar, no me quedo de otra que acceder a su invitación. Fui a su casa, para hablar con ella, sabía que me preguntaría cual había sido el motivo, por el cual no quería estar más a su lado, tuve que decirle una mentira, ya que si le hubiese dicho que era por su religión, de seguro que iba a ser capaz de renegar de DIOS. Al llegar a su casa, me pidió que debíamos salir a un lugar que estuviera solo, donde nadie nos pudiera molestar, nos fuimos a un centro comercial cercano, por donde ella vivía, al llegar entramos a una panadería, hizo un pedido de una torta, no tenía muchas ganas de comer, pensaba que pudiéndome haber ganado el descuido, le había colocado algo, que me afectara en mi decisión; para ser más claro (brujería), pero cuando note que ella comía, tome confianza en probar un bocado. Posteriormente me dijo

—Háblame... mírame a los ojos y dime porque ya no me quieres, ¿Qué te hice?

Respire profundo, para decirle la verdad o mi motivo <<a medias>> diciéndole — lo que paso fue que desde un inicio hiciste cosas que me afectaron rotundamente,

—Cosas... ¿Cosas como cuáles? — Respondió.

—Bueno, como cuando me dejabas en visto en los mensajes de whatsApp... qué más puedo decirte-le dije.

Respondió llorando — ¡Yo puedo cambiar!, ¡Dame una segunda oportunidad! ¡Por favor!

—No nos hagamos más daño — Le respondí.

— ¡Pero aún sigo sin entender! Como fue que no me di cuenta, de lo que sentías, de lo que te molestaba.

— Lo que sucede es que a veces las personas, muestran una cara, de algo que no es, cuando detrás de ella sienten y quieren hacer otra cosa —le dije.

— ¡ Yo soy capaz de cambiar! ¡DAME OTRA OPORTUNIDAD!

Por más que le explicaba... no entendía, o no le daba la gana de entender. Le dije que la relación quedaría hasta ahí, las personas no deben cambiar, porque otros se lo pidan, deben cambiar por voluntad propia. Concluyo la conversación, la acompañe a su casa y de allí me fui a la mía.

Una ruptura trajo consigo repercusiones sociales en mi vida

A partir de ese día, ella no dejaba de llamarme, lo hacía en la mañana, al medio día y en la noche. Hasta su madre llego a mi casa, para que le dijera lo que sucedía y le diera una segunda oportunidad a su hija. Inclusive tuve que hablar con su mejor amiga, contándole la misma versión y el mismo motivo de mi decisión. Y siempre quedaba como el cruel de la película.

"Mis amigos"...no sé si llamarlos amigos. Con los que compartía desde mi infancia, me decían: <<tu como que eres raro>> "Como vas a pelar esa hembra" "Eres un rosca dulce (homosexual) <<se burlaban de mí, yo lo único que hacía era callarme, no transmitía ninguna acción de rabia, porque sabía que la poca capacidad de madurez espiritual que tenían o tienen no les permitiría entender mi decisión>>.

En la actualidad Yani tiene a una nueva persona, mientras que yo, quede solo, ya que la persona que en cierta forma me permitió dejar a Yani, dijo que no quería nada serio conmigo, que era muy joven para un compromiso serio, ¡Qué ironía, cuando un hombre busca una pareja para algo bonito, la mujer no lo desea! Y cuando lo quiere... es demasiado tarde. La reflexión que les puedo dar sobre este tema, al lector es que: si llegaran a saber que una persona está pasando por circunstancias similares a las mías, no lo burlen, porque... más que una reflexión que muestro en este relato, es un desahogo, de lo que me controle, lo que sufrí y no desmalle, ni por mi debilidad como hombre, ni mucho menos por capricho de otros. ¡YO SI ME PUEDO SENTIR ORGULLOSO EN DECIR QUE LE DIJE NO A UNA MUJER BELLA Y CON UN CUERPO QUE ME ENLOQUESIA! Espero que esta historia sirva como ejemplo para muchos hombres que piensen hacer lo contrario, mis amigos nunca me apoyaron, porque ellos comparten la filosofía: "Puede ser la hija del mismísimo diablo, pero con tal que este buena (tenga buen cuerpo) lo demás es cuento". Supe de un caso, muy similar al mío, con la diferencia que el que llevaba a cabo la hechicería era el hombre; la mujer fue débil y no solo estuvo con el sexualmente, sino que también comenzó a practicar la santería. Las consecuencias de la Joven, fueron que un espíritu maligno se le había metido en su cuerpo, algunos dirán, sí, pero ella se entregó a esa religión. Así sea ese el motivo, uno no puede experimentar, porque no se sabe lo que pudiera suceder; no voy a negar que sentí deseos de hacerle el amor a esa mujer, pero mi fe en DIOS, y el temor de lo que me podría pasar, si lo hacía... impidieron que **sucediera.**

CAPITULO XIII GANDOLERO

Me llamo Dionisio, la historia que contare sucedió hace 25 años, cuando Venezuela era otra; empresas privadas del territorio nacional, distribuían sus productos y servicios a lo largo y ancho del país, se llevaban a cabo acuerdos comerciales con Colombia, yo como gandolero me encargaba de trasladar materiales o vehículos que se intercambiaban (un modelo de carro por otro) es decir si en Venezuela se ensamblaba un tipo de carro, y en Colombia otro, se hacían intercambios de modelos. Yo por medio de una gandola, de carga pesada, era el encargado de hacer las entregas. Aparte de ir a Colombia, logre viajar a lo largo y ancho del país, distribuyendo materiales. Mi historia es sumamente corta, aunque "De temer" son dos historias en una que contare, no dejan de ser sumamente cortas.

La primera ocurrió yendo al estado falcón; mi ayudante y yo decidimos descansar en una bomba de gasolina; por lo general los gandoleros solemos hacerlo a ciertas horas de la noche, para posteriormente partir a nuestro destino. Cada quien colocaba una hamaca debajo de su gandola y se acostaba a dormir. Como a la 1:30 de la madrugada, siento que alguien me mueve la hamaca; con un continuo movimiento, que no paraba, me despierto desesperado, pensando que era mi ayudante que lo había hecho, cuando lo llame — ¡Fabricio! ¡Fabricio! No me contesto; fijo la mirada y escucho detenidamente y me doy cuenta ¡Que el hombre estaba roncando! Al poco rato escucho a otra persona que no podía respirar y decía —¡Suéltenme! No entendía a qué se refería; pensé que el sujeto estaba soñando, pero el hombre seguía quejándose, desperté a mi ayudante e hicimos bulla a los demás; y enseguida se acercaron al sujeto, se levantó de la hamaca diciendo que lo estaban ahorcando, lo vi de cerca y me percate que el tipo tenía el cuello rojo, le dije enseguida al ayudante ¡Vámonos de aquí! ¡Este lugar no es de confiar! Avanzamos por una hora de carretera para quedarnos durmiendo más adelante, en otra bomba que nos pareció más segura y tranquila. Cuando nos levantamos en la mañana nos preguntaron porque razón acampamos tan tarde en ese lugar, le contamos lo que había pasado, estos nos dijeron — lo que sucede es que en la esquina de esa bomba han muerto varios Gandoleros, esa es la razón por la que suceden aquellos hechos extraños. No nos volvimos a detener más nunca en el lugar donde sucedió algo que ni yo entendía que era.

Segunda experiencia

Esta experiencia desde mi punto de vista ha sido la peor, en toda mi vida, jamás había experimentado una situación similar, es que se me hace hasta difícil de creer, porque no me explico que paso. Me sucedió mientras viajaba por el ESTADO GUARICO una zona llamada valle la pascua, yendo para el ESTADO ZULIA (Venezuela). No estaba el ayudante conmigo, ya que me había robado unas cosas personales y decidí despedirlo. En esta ocasión, mi reloj marcaban las 2 de la madrugada, justo cuando iba llegando a una curva, una monja levanto la mano, para que le diera la cola(la llevara a su destino), detuve la gangola le abrí la puerta, ¡Ella misma la cerro! Me dijo — ¡Gracias es usted un gran hombre!

Le dije — gracias señora. Y ¿A qué lugar se dirige? –Le pregunte

— Estaba esperando a mis hermanas, pero se tardan. —respondió

Le pregunte— ¿Porque las espera ahí, en ese lugar tan solo y peligroso para usted?

Porque ahí debíamos vernos — dijo.

— No se debe andar a solas en esos lugares, porque uno nunca sabe. —Terminando de decirle eso y a los segundos se había desaparecido del puesto del copiloto. Me puse nervioso, espere llegar a una parada, para pasar el susto. Llegue a un restaurant, ahí descanse un rato del viaje, un hombre se acercó a mí, preguntando ¿Qué me había pasado? Porque me veía pálido. No pude hablar por un momento, me dio una tembladera, después cuando me calme, fue que le dije, lo que me había ocurrido, me respondió — sucede que justo en esa curva, ocurrieron dos accidentes y uno de los siniestros, era un autobús que trasladaba monjas, donde murieron 17 de ellas, más el chofer, 18 en total. El autobús perdió el control justo en la curva. Ese hecho sucedió hace 5 años, esa es la causa por la cual los que pasan por ahí observan a una monja o dos que les piden que las lleve lejos de ese lugar.

Me quede sin palabras. Luego que me sucedieran esas dos experiencias paranormales, procure no viajar de noche, para evitar ese tipo de acontecimiento, en la vida existen cosas que no tienen explicación. Estar hablando con alguien, y que de repente desaparezca... eso es algo que no tiene lógica ni razón. Me sucedió y todavía sigo sin creerlo. No sé qué reflexión dar en cuanto a esta historia, lo único que puedo recomendar es: viajar de día. Tal vez ese sea el motivo por el cual se presentan algunos siniestros de gandoleros, porque ven cosas sin sentido y no logran controlar el miedo.

Este gran hombre al que considere un gran amigo y el cual me regalo esta historia; lamentablemente falleció, en febrero de 2021 por causa del Covid 2019. Lo único que puedo anunciar es que Dios te tenga en su santa gloria, tus amigos y familiares te extrañaremos.

CAPITULO XIVMI ENCUENTRO CON DIOS Y EL DESEO QUE ME CUMPLIO EN UN DIA

Quise culminar este libro realizando 2 historias que me hicieran creer y recordar, mucho más de lo que ya creo, sobre la existencia del ser supremo llamado Dios, para los que creen ciegamente en él, con los ojos puestos al cielo al momento de orar, saben a qué me refiero. Que no es otra cosa, que la fe, de lo que no vemos, o a quien no vemos, pero sentimos, escuchamos y estamos seguros que está allí, pendiente de cada oración, en cada momento y en todo lugar. Yo me siendo dichoso, en el puesto que él me ha colocado, ya que gracias a ello soy lo que soy, estoy donde debo estar, con la finalidad de estar en un mejor lugar.

Mi Encuentro con Dios

Sucedió cuando tenía 7 años, en ese tiempo, jugaba con un niño llamado Darwin, él estaba recién mudado, en una casa que quedaba al frente. Tenía una hermana,

De mayor edad que él, pero de ella no voy a referirme. Únicamente, esta historia, involucra a Darwin. Cada vez que nos poníamos a jugar, el tenia los mejores juguetes. Al principio, a mí no me importaba, yo tan solo era un niño de 7 años, aunque él, teniendo la misma edad, hacia comentarios como: mi carro es más bonito, mira mi muñeco, es mejor que el tuyo ¿Qué te parece mi bici nueva? Tú no tienes. No obstante, no le hacía mucho caso. Sin embargo un diciembre, recuerdo que mi madre con las posibilidades económicas que tenía me regalo un carro a control remoto, de esos que se utilizaba con cables, mientras que sus padres le regalaron a él, un carro de policía, automático de esos que hacían ruido, tenían luces, hasta un sensor que se activaba al momento de chocar, contra una acera, para luego, retroceder y seguir avanzando, recuerdo que cuando él me vio mi sencillo y bonito juguete que con amor me había regalado mi madre, dijo: "Ese carrito tan feo, no se parece ni un poquito al mío, mira el que yo tengo, retrocede y avanza automáticamente, sin necesidad de cable". No dije nada aunque si sentí mucha rabia, por primera vez llegue a sentir inconformidad y envidia por un comentario hecho por otro niño, no podía creer, que un menor, de tan corta edad podía liberar de su boca palabras

hirientes hacia mí, me sentía como la serie muy famosa, del CHAVO, cuando KICO, al que su madre le podía comprar todo lo que estuviera dentro de sus posibilidades, se valía de eso, para hacer sentir mal a quien representaba el papel de huérfano. Mi madre al percatarse de la situación, me dijo que no estuviera mucho con ese niño, ya que era una persona de malos sentimientos. A partir de ese momento yo estaba predispuesto con Darwin, cada vez que nos veíamos, solo era para pelear; discutir el uno con el otro, el lanzaba piedras a la casa de mi madre, yo al igual que él, lo hacía desde la casa donde vivía, en el patio de atrás. Un día, algo inesperado sucedió. Eran las 2 de la tarde, hacía mucho sol, me disponía, a lanzar piedras, desde el lugar, donde siempre lo hacía. Lanzaba piedras y no paraba de hacerlo, hasta que hubo un momento en el cual escuche una voz que me hablaba desde el cielo diciéndome: <<no lo hagas hijo, que no está bien lo que haces>> ¡Las piedras salían de mi mano, como si una persona me la hubiese quitado! ¡No entendía cuál era la causa de esa situación extraña que me estaba sucediendo! Mire para los lados pero no había ninguna persona cerca, realmente no sabía que estaba pasando, me metí a la casa, le dije a mi hermano, que estaba en ese momento conmigo, lo que estaba sucediendo, diciéndole, que DIOS me había hablado, volví a salir, pero el ya no estaba. Esa situación sobrenatural jamás la pude olvidar. Más son las personas que no me creen, que las que poniendo su fe por delante, aceptan que pudo haber sido Dios, el de aquel encuentro. A partir de ese momento, deje de lanzar piedras a la casa del vecino y a los meses, Darwin se mudó con su familia del vecindario.

El deseo que me cumplió en un día

*Durante toda mi vida he sido creyente **de Dios,** sin dudar de su existencia. He estado en situaciones difíciles, en las que le he pedido de su ayuda, como también, cada vez que ha estado dentro de mis posibilidades; he ayudado a muchas personas, cada vez que las circunstancias me lo permiten y la respuesta de él es increíble; llenando de bendiciones mi existencia; que a veces me sorprendo tanto que hasta me da miedo. La* ultima anécdota que me sucedió, fue en febrero del 2020; cuando luego de una discusión, que tuve con mi hermano; con el cual trabajaba en un taller de mecánica; donde yo era el ayudante y él el mecánico; fue mi jefe. El problema se presentó, por un pago, que debía hacer un cliente, que nunca se llevó a cabo, le pregunte de buenas maneras, como dos personas adultas, que somos. Pero el sin embargo actuó de una forma muy violenta y humillante hacia mí, provocando la renuncia del trabajo, donde no ganaba mal, pero en cierta forma por causa de la crisis en Venezuela; no avanzaba más de lo que debía avanzar. Realmente nunca supe, que lo llevo a reaccionar de esa manera; no sé, si fue a raíz de la crisis en el país, que a muchos pone malhumorados, por la llegada a su vida de la andropausia o sencillamente fue utilizado por Dios para yo cerrar un ciclo en mi vida, lo que sí sé, es que gracias a la determinación que el tomo hacia mí y la reacción que tuve por consecuencia de ello, fue lo que me hizo que me retirara del taller; al salir del lugar donde estaba trabajando; le pedí a Dios desde el fondo de mi corazón, faltando 50 metros para llegar a la casa, donde estoy residenciado, lo siguiente: "Dios estoy pasando por esta situación difícil en mi vida, te pido desde el fondo de mi corazón que me pongas en una lugar donde realice algo de lo cual ame, me sienta completamente feliz y gane suficientemente bien, pero no me devuelvas al lugar donde he sido humillado. Cuando llegue a la casa, le comente a mi esposa lo que había sucedido; al día siguiente comenzaron a venir a mi mente ¡Poesías por montón ¡ Y otros proyectos de la escritura que con el tiempo daré a conocer, me siento bendecido por lo que soy, ya que en este momento he culminado un libro de poesías, llamado : "POESIAS DE TODO Y PARA TODOS" y el cual ha tenido una aceptación sorprendente ¡ es increíble! ¡Me siento muy feliz! Aunque debo decir que ese libro se lo regale a mi esposa, ya que siento que Dios despertó ese talento en mí, principalmente por mi núcleo familiar, que son mi esposa y mi hijo, sino de lo contrario lo hubiera hecho antes. Estoy seguro que, lo que me ha sucedido con DIOS es lo mismo que le sucedió a Salomón cuando le pidió sabiduría para gobernar con justicia y el creador le dijo *"pide lo que quieras que yo te lo daré"* Estoy convencido, que todo aquello que le sucedió a Salomón es cierto. He pedido a Dios otras cosas más fuertes, pero por discreción y para no herir los sentimientos de terceros, no las diré.

¡¡Cuidado con lo que pidas y a quien se lo pidas!!

*Le he pedido a Dios varias cosas y me las ha cumplido, depende de lo que pida, él tarde o temprano me lo otorga, sin embargo, he sabido de personas que desean todo rápido **a costa de lo que sea,** si es de venderle su alma al Diablo lo hacen; con tal de haber logrado sus objetivos de forma rápida y eficaz ¡¡No les importa las consecuencias!! Algunos famosos del espectáculo han cometido el error de venderle su alma al Diablo y uno de ellos ha Sido la famosa cantante LADY GAGA, quien unos años después de haber realizado este pacto dijo:*

"El demonio me persigue", *lo decía refiriéndose a qué el Diablo la perseguía en sus sueños, estaba tan preocupada por la situación que le sucedía, que enseguida contrató al ex médico de MICHAEL JACKSON y a un gurú espiritual para que la proteja de los demonios. Gaga dijo: "tengo este sueño recurrente, dónde hay un fantasma en mi casa y me lleva a una habitación donde hay una chica rubia con cuerdas atadas a sus piernas, tirando para su **separación".***

*Ahora bien, **analizando** esta situación con esta súper artista: ¿Creen ustedes que vale la pena vivir está agonía, aun sabiendo que tu alma será entregada a este ser del mal cuando ya no estés en la tierra? En el año 2017 estuve hablando con un hombre que había realizado un pacto con el mal. El me comentaba que le gustaban las comodidades y riquezas, diciendo — "¿A quién no le gusta que le llegue el dinero rápido? A mí me agrada la idea y no soporto tener que lograr un proyecto a largo plazo, por esa razón es que yo creo en el **Diablo** y no lo niego, gracias a él he tenido todo más rápido, eliminando hasta mis enemigos". El sujeto en parte tenía mucha razón, había llevado a cabo sus proyectos de una forma increíblemente rápida, aunque parecía no darse cuenta que el mal se lo estaba cobrando con sus seres queridos: su madre de forma repentina le había dado cáncer, que luego se convirtió en metástasis. Uno de los hijos le decía ¡¡**Basta madre de tanto sufrimiento, Si se va a morir termine de morir, pero que sea rápido!!** Y esto sucedía mientras el hombre estaba fuera del país por una propuesta de trabajo que repentinamente se le presentó, permitiendo que tuviera todo cuanto quería en tres años, mientras que la gran mayoría de los Venezolanos vivían circunstancias adversas Pero¿ A qué precio? ¿Al precio de tener que entregar mis seres queridos al mal?*

Contaré una historia, como un ejemplo claro y evidente, sobre una mujer que por no saber medir sus palabras, casi comete un error, está historia la leí hace mucho tiempo y me dejó tan impactado que no olvidé parte de la información, no sé si fue real, o tan solo forma parte de un invento del escritor que lo realizó, sin embargo pareciera acercarse más a la realidad, por los detalles que cuenta la mujer:

Dos novios la estaban pasando muy mal a nivel financiero, a pesar que el hombre no perdía la fe en Dios, la mujer siempre decía "Desearía tener mucho dinero rápido y si fuera posible le vendería mi alma al Diablo". El esposo a quien no le agradaban esos juegos le decía – Mi amor... Mucho cuidado con lo que dices, porque el mal no entiende de juegos. La novia lo que hacía era reírse y le decía — ¿Tú te imaginas tenerlo todo a tus pies? Desde casas lujosas, hasta amigos de alto estatus, no tener que depender de un salario, sino poder hacer lo que nos dé la gana.

El esposo no aceptaba sus argumentos, diciendo— No debes tentar al mal, porque si lo llamas y le abres la puerta de tu casa, puede que si te dé lo que pidas, pero las consecuencias serían devastadoras.

La mujer sin embargo decía— Tranquilo amor, estoy bromeando.

El novio le respondía— Esos no son juegos.

La mujer ya se estaba acostumbrando a decir todas las noches y a cada momento en la casa ¡¡ Sería capaz de vender mi alma al Diablo con tal de ser rica!!

*Hasta que un día tuvo un sueño en el que estaba en la calle y ve a un señor muy mayor en la acera que le decía — ¡¡Sigue el camino **Melissa** que mi amo te espera!!*

— Ella se sentía nerviosa y le preguntaba — ¿Cómo es que sabes mi nombre? Y ¿Quién me espera?

El anciano le respondió — Todos saben tu nombre, y tú sabes quién te está esperando.

Siguió caminando, el camino era solitario y a pesar de ello había alguien que le susurraba en el oído diciendo — ¡¡No vayas a ir!! ¡¡Desvía tu camino!! Ella no hizo caso a tal petición y siguió caminando, hasta que llegó a un castillo en forma de palacio, las puertas eran parecidas a las de una catedral y al frente de ella estaban dos hombres uniformados de guardias, ellos al verla, también dijeron— Adelante Melissa ¡¡Mi amo la espera!!Los guardias abrieron las puertas, estas a su vez realizando un sonido tenebroso. Siguió caminando todo se veía bonito, con la diferencia de que había un olor putrefacto en el lugar. Camine y seguí caminando, hasta llegar a una mesa en la que habían muchos invitados, todos vestidos de gala, como festejando una oración especial, sobre la mesa había todas las comidas que cualquier humano hubiese deseado deleitarse, servidas en platos de oro, hasta champaña para tomar. La mesa era rectangular. A los lados habían mujeres y hombres, que me pareció eran los invitados, y al final estaba un hombre extremadamente hermoso, le dijo — Siéntate Melissa ¡¡Te estábamos esperando!! —¡¡Dime lo que me vas a pedir!! Adelante, ¡¡hazlo con total libertad!!Melissa observo todo, sospechó de inmediato que algo no estaba bien, a pesar de que estaba dormida. Se levantó de la silla y respondió — ¡¡Yo no quiero nada de ti!! El hombre con apariencia hermosa, se fue convirtiendo de a poco en un sujeto con cachos en la cabeza, los ojos se le pusieron color rojo los dientes parecidos a los de un vampiro y su cuerpo se oscureció. El hombre era el diablo en su real imagen, el cual le contestó con un tono de voz aguda y con molestia con cada palabra que anunciaba –¡¡Entonces sino vienes a pedirme nada!! ¡¡Vete de aquí y no regreses!!La comida se convertía en gusanos los platos cambiaban su aspecto de oro a una apariencia carbonizada y las personas invitadas se comenzaron a lastimar con los cuchillos que estaban sobre la mesa. Melissa de inmediato se marchó sin dudarlo un segundo más. Cuando sale del castillo, al mismo tiempo despierta sudada y agitada el esposo le dice —Tranquila amor, fue tan solo una pesadilla. Prendieron la luz del cuarto y de inmediato el esposo observa que Melissa tenía una sombra negra en su espalda, parecida a la de un humano. El hombre se puso nervioso diciéndole —Melissa hay una sombra que no es tuya, detrás de ti. Ella voltio observando la sombra oscura, que luego de 10 segundos desapareció. El esposo le recordó lo que en otras ocasiones le decía —¡¡Yo te lo dije!! ¡¡Esos no son juegos!!Después de esa situación desagradable la imagen maligna los atormentaba por lo general en la noche, sentían un peso en el cuerpo como si llevaran alguien que los estaba sujetando, se prendían las luces, se caían las cosas, Ya ellos sabían que era lo que sucedía. Hasta que un día le permitieron la entrada a la casa a un espiritista de una religión relacionada a Dios. Oró en el lugar y les pidió que fueran a la iglesia para que le pidieran de rodillas al creador que apartara ese mal que los atormentaba. Tras varias veces de ir a la iglesia e hincarse a Dios para que alejara todo mal que los pudiera atormentar. Luego de esto todo volvió a la normalidad, pero sucedió algo extraño, un día cuando Melissa iba en compañía de su esposo observo a un anciano en una acera de la calle, con las mismas características del sueño que había tenido, el cual le dijo "Mi AMO AUN TE ESPERA... MELISSA".

Está historia me ha parecido tan extraordinaria como muchas de las que presento en este libro, digna de que formara parte, por lo menos anexada a este capítulo, dónde la he dejado. Quedará en el análisis del lector considerar si ha sido verdadera o una simple imaginación del escritor, sin embargo por todas las historias que me han contado y las que yo he presenciado me atrevo a asegurar que es real, ya que una de las formas en las que el Diablo se manifiesta es por medio de los sueño, claro...esto sucede si la persona le permite la entrada. Este libro me ha costado mucho trabajo realizarlo por la cantidad de acciones negativas vividas por los protagonista de cada capítulo y por mí, que ya ni deseo recordarlo.

Amigo lector al final tu tomas la última decisión; solo te pido que lo que decidas sea la decisión correcta, para que después no te arrepientas de tus decisiones.

FIN

BIBLIOGRAFIA

Información sobre las tumbas de TUTANKAMON EN EL VALLE DE LOS REYES <<libro las ciudades mágicas. Autor Jean Michael Angerbert>>.

Información sobre quien creo la OUIJA, que es la OUIJA y que motivo su creación <<página web llamada "El Español">>

Origen de cada historia: de amigos, conocidos; sin incluir, 3 historias, que yo viví, sufrí o experimente.

ACERCA DEL AUTOR

Abogado, poeta y escritor.

www.ingramcontent.com/pod-product-compliance
Lightning Source LLC
Chambersburg PA
CBHW031427150726

47989CB00002B/834